VoG

VoG Verlag ohne Geld e.K.

n.32

Vera Zwerger Bonell ist Lehrerin und Psychologin: sie war als Mittel- und Oberschullehrerin tätig, arbeitete als Schulentwicklungsberaterin in der Begleitung von Projekt- und Leitungsteams, sowie in der Lehrer*innenfortbildung, auch als Therapeutin und Coach in der Arbeit mit Einzelpersonen.
Hat im beruflichen Rahmen als Herausgeberin und Mitautorin von Fachliteratur aus dem Bereich der Schulentwicklung publiziert, der vorliegende Band ist ihr literarisches Erstlingswerk.
Sie lebt mit ihrer Familie in Südtirol und widmet sich seit ihrer Pensionierung verstärkt den eigenen kreativen Seiten: Dem Schreiben und Modellieren.

ISBN 978-3-943810-34-9

Registergericht München HRA 99261
www.verlagohnegeld.de
Gesamtgestaltung: Heinz Weih
Lektorat: Inga Hosp
Umschlagbild: Foto und Kleinplastik von
Vera Zwerger Bonell

Vera Zwerger Bonell

Schattenwärts

Lebensskizzen

Für Noemi und Elias

Theres oder Der Steffel

Sie saß auf der obersten Stufe der steinernen Treppe, kleine Kieselsteine auf der flachen Hand. Mit der anderen pickte sie wie ein Vogel einzelne Steine heraus und warf sie die Treppenstufen hinunter. Die meisten sprangen über die wenigen Stufen und blieben im Kies des Hofes liegen, nicht mehr unterscheidbar von denen, die schon dort lagen. Sie drehte nicht einmal den Kopf, als Agnes, ihre Schwester, hinter sie trat und eine Weile schweigend stehenblieb. Ohne sich umzuwenden, sagte sie, Wut in der Stimme:

»Da ist sie wieder mit ihrer braunen Tasche, und Mutter ist so müde und krank und jetzt bringt sie noch so ein schreiendes Bündel, wie im letzten Jahr und vor zwei Jahren! Wenn sie das nächste Mal kommt, schmeiß ich sie samt ihrer Tasche die Stiegen hinunter!«

Unbeweglich saß sie da, ihr magerer Körper drückte Spannung und Abwehr aus, sie blickte starr geradeaus. Die Schwester legte ihr vorsichtig eine Hand auf die Schulter: »Aber was! Die alte Stina mit ihrer Tasche bringt nicht das Kind, sondern Medizin, sie hilft der Mutter, das Kind auf die Welt zu bringen!«

Und aufmunternd, nach kleiner Pause: »Komm! Du musst mir helfen noch einen Topf Wasser auf den Herd zu stellen, die Stina braucht viel heißes Wasser.«

Wenn sie alle um den Tisch saßen, waren sie zehn ohne die Gesellen, die hatte der Vater nicht mehr, seit die älteren Buben groß genug waren, in der Mühle zu helfen. Die dampfende Schüssel mit Kraut und Knödeln stand in der Mitte des Tisches, der Vater nahm zuerst, dann die Söhne ihrem Alter nach, dann die Mutter und dann die Mädchen.

»Du hast wieder einmal nicht zugehört, du sollst noch einen Krug Wasser holen, hat die Mutter gesagt«, sagte Agnes und gab ihr einen aufmunternden Klaps auf die Schulter.

»Ja ja, unser Steffel stinkt nach Adel, die ist zur Arbeit nicht zu gebrauchen!«

Heute muss der Vater wohl ein gutes Geschäft gemacht haben, sonst hätte sie sicher die Rute zu spüren bekommen, dachte sie, während sie aufsprang und mit dem blauen Steingutkrug ans Fenster ging. Nun war sie groß genug, um mit Leichtigkeit den Krug in das vorbeischießende Wasser des Mühlbachs zu halten, sie wusste auch, wie sie den Krug neigen musste, damit das Wasser nicht wieder herausschoss. Als sie mit dem Krug zu ihrem Platz am Tisch zurückkam, saßen schon alle schweigend über ihre Teller gebeugt. Sie begann zögerlich den Knödel auf ihrem Teller zu zerteilen, führte einen Bissen zum Mund. Sie hoffte, dass es auch heute so wäre wie an vielen anderen Tagen. Die anderen würden ihr Mal rasch beendet haben.

Es war ihre Aufgabe und die ihrer Schwester, den Tisch abzuräumen und den Abwasch zu machen, so fiel es kaum auf, dass ihre Schwester den Teller für sie leer aß, denn: „Weggeworfen wird nichts in diesem Haus!“, bestimmte der Vater. Seit sie denken konnte, verspürte sie Widerwillen gegen das eintönige und derbe Essen. Sie fühlte den besorgten Blick der Mutter, aber die sagte nichts, sie war mit den beiden Jüngsten beschäftigt, die wie Vogeljunge ihre kleinen Schnäbel aufhielten und vergnügt zwischen dem einen und anderen Löffel Milchbrei quietschten.

Als der richtige Doktor, nicht der fürs Vieh, vor wenigen Monaten vom Vater gerufen worden war, weil einer der Brüder mit einem schweren Getreidesack auf dem Rücken von der Leiter, die auf den Getreidespeicher führt, gestürzt war, hatte der Doktor ihm einen Verband angelegt und dem Bruder für gute zwei Wochen das Arbeiten verboten. Das hatte der Vater gar nicht gern gehört. Danach saß der Doktor noch eine Weile bei der Mutter in der Küche. Als sie ihm im Auftrag der Mutter einen Schnaps servierte, meinte der Doktor lächelnd: »Wo habt ihr denn dieses schöne Kind her?« »Ja«, meinte die Mutter, »unser Steffel schlägt ganz aus der Art. Sie spricht nicht viel, sie isst fast nichts, für die Arbeit hat sie zwei linke Hände, aber in der Schule hat sie bis heut immer nur die besten Noten bekommen!« »Dann werdet ihr die Stefanie wohl studieren lassen müssen, wenn sie gar so begabt ist!« »Eine Müllerstochter und studieren, das geht wohl nicht zusammen. Sie heißt Theres, Steffl nennen wir sie, seit sie so aufgeschossen ist. Über ihrem Bett hat sie eine Ansichtskarte vom Stephansdom in Wien aufgesteckt, die uns einmal ein Vetter schrieb.« »Ach so ist das mit dem Steffl«, meinte der Arzt während er sich lachend erhob und nach seiner Tasche griff.

Während dieses Gesprächs war sie abwartend in der Küche gestanden, ganz in der Nähe der Tür, so dass sie hätte hinausschlüpfen können, aber das wollte sie doch nicht. Dass der Doktor sich für sie interessierte, erfüllte sie mit Stolz.

Er war schon beinahe an ihr vorbei, als er stehenblieb und nochmals die Tasche abstellte, seine kühle, trockene Hand um ihr Kinn legte und sie vorsichtig ans Fenster dirigierte. Mit einer kurzen Bewegung zog er an ihrem Unterlid und sagte über die Schulter zur Mutter: »Blutarm ist das Kind, schauen Sie, Müllerin, dass sie öfters Fleisch und Eier zu essen bekommt!« Dann zwinkerte er ihr aufmunternd zu, kniff sie leicht in die Wange und wandte sich zum Gehen. Als sich die Tür hinter ihm schloss, meinte die Mutter halblaut:

»Fleisch und Eier, so leicht haben wir es auch nicht herzunehmen ...« Es klang müde und resiginiert.

Ganz aufrecht saß sie auf ihrem Sitz im Zugabteil, neben dem Fenster, vorerst der einzige Fahrgast im Abteil. Der Zug ratterte aus dem Provinzbahnhof hinaus. Ihre erste längere Reise. Der Bruder hatte sie zum Bahnhof gebracht und auch ihren Koffer in die Gepäcksablage gehievt, für ihn eine Kleinigkeit, der Koffer wog nicht halb so viel wie ein voller Getreidesack.

„Wenn ich aber ankomme und Hans nicht am Bahnhof ist, es könnte ja sein, dass er im letzten Moment in der Kaserne zurückgehalten wird, wie soll ich dann mit meinem Gepäck zurechtkommen?" Es gibt Dienstmänner, das wusste sie, aber sie hatte keine Erfahrung im Umgang mit fremden Dienstboten.

„Tief durchatmen, den Blick geradeaus, mit deinem besonnenen Kopf meisterst du jede noch so schwierige Situation, dass weiß ich, Theres!", hörte sie die Stimme des Oberlehrers, und ein zuversichtliches Lächeln huschte über ihr Gesicht.

Sie war schon seit einigen Jahren ausgeschult, aber der Lehrer hat so lange auf ihre Eltern eingeredet, bis der Vater zustimmte, sie durfte einmal in der Woche für zwei Stunden zum Herrn Lehrer, der führte sie in die Arithmetik und Geometrie ein und gab ihr Bücher zum Lesen, über die er dann in der nächsten Stunde mit ihr sprach. Die Mutter gab ihr jedes Mal ein Säckchen mit bestem Weißmehl mit. Gut zwei Jahre ging das so, dann fand der Lehrer, er habe ihr genug beigebracht, dass sie als Kassierin in jedem besseren Geschäft in der Stadt eine Anstellung finden könne. Und so war es auch.

Die Chefin verhielt sich allen Angestellten gegenüber freundlich, doch sachlich distanziert, aber ihr gegenüber war sie eine Spur herzlicher, grad so viel, dass es die anderen nicht merkten, es zu keinen Eifersüchteleien kam. Aber Theres spürte es und war glücklich. Ihre Chefin war es, die in kleinen aufmunternden Nebensätzen sie auf ihr Äußeres ansprach, sie anhand locker drapierter Stoffbahnen darauf aufmerksam machte, welche Farben ihrem durchsichtig blassen Gesicht mit den grauen Augen schmeichelten. Es war wie eine Befreiung, sie fühlte sich glücklich. Als sie um die Weihnachtszeit nach vielen Monaten zum ersten Mal zurück ins Dorf kam, wählte sie wieder ihr schlichtes Kleid, sie wollte den Eltern gegenüber nicht putzsüchtig erscheinen, nur auf den kleinen Steckkamm aus Perlmutt wollte sie nicht verzichten, der war ein Geschenk der Chefin, die meinte, ihr schweres kastanienbraunes Haar würde mit diesem Kamm noch mehr leuchten.

Eigentlich fühlte sie sich in der Stadt immer noch fremd und ein wenig verloren. Aber heute ist es anders, ihr ist so leicht zu Mute, am liebsten würde sie die Arme ausbreiten und mit geschlossenen Augen einfach losrennen, so wie als Kind, in der Überzeugung, ihre Füße müssten sich vom Boden lösen und sie könnte den Schwalben gleich durch die Luft segeln. Ein Lächeln trägt sie durch die Straßen, zwei Herren, die ihr entgegenkommen, haben mit eleganter Geste den Hut gelüftet, so als würden sie sie kennen, aber diese überraschende Ehrerbietung gilt wohl dem strahlenden Lächeln.

Katharina, die junge Kollegin aus dem Geschäft, mit der sie am Sonntag manchmal auf dem Corso den Fluss entlang spazieren geht, meinte ein wenig neidisch, Theres wirke so städtisch, die Herkunft vom Lande würde man ihr nicht anmerken.

Wie schon oft, erwiderte Theres nicht viel auf dieses leichthin eingeworfene Wort, lächelte und dachte an Hans. Er kam ja so selten für ein paar Stunden aus der Kaserne, aber erst kürzlich hatte er zwei Karten besorgt für das Konzerthaus.

Theres war aufgeregt und gespannt, sie konnte sich nicht viel unter einem Schubertabend vorstellen, nur so viel wusste sie, dass einer der hiesigen Opernsänger einen Liederzyklus von Franz Schubert singen würde. Die festliche Atmosphäre im Konzertsaal, die schönen Kleider der Damen und die warme, ausdrucksstarke Stimme des Sängers verzauberten sie.

Ein einziges Mal hatte sie vor vielen Jahren ihren Vater begleitet, als er in der Kurstadt Geschäftliches zu erledigen hatte. Damals hatten sie sich noch vor Tagesanbruch auf den Weg gemacht, um rechtzeitig zur Bahn zu kommen, die sie in die Stadt brachte. Der Vater musste wohl ein gutes Geschäft abgeschlossen haben, selten sah sie ihn so sicher und gut gelaunt auftreten. Er hatte sie gerade der Hotelbesitzerin vorgestellt, als er mit einem gelösten Lachen sich zu Frau S. neigte und stolz verkündete: „Nun werde ich mit meiner Theres zum Konzert des Kurorchesters gehen, das wird ihr erstes Konzert sein, sie soll sich immer daran erinnern!“

Und genau daran dachte sie, als sie glücklich am Arm von Hans das hell erleuchtete Foyer des Konzerthauses betrat. Damals in der Kurstadt am Arm ihres Vaters hatte sie auch jenes wohlwollende Lächeln gespürt – von Herrschaften, die sie gar nicht kannte, das aber ihr galt! Auch damals war sie strahlend und voller Vorfreude auf den Musikgenuss in Begleitung des Vaters dem Musikpavillon entgegeneilte.

Für den Schubertabend trug sie eine cremefarbene, hochgeschlossene Spitzenbluse und das eisgraue Kostüm aus schwerem Taft. Sie wusste, Katharina hatte sie immer wieder halb neidisch und halb bewundernd darauf hingewiesen, wie ihr schweres kastanienfarbenes Haar, ihr blasser Teint und der matte Glanz des kühlen Grau eine Noblesse verliehen, die ein interessiertes Aufleuchten in den Augen der Herren bewirkte. Die Stimme der Mutter hatte sie noch im Ohr, es schwang Verwunderung, Fremdheit und auch ein bisschen Stolz mit: „Ja, ja, unsere Theres stinkt nach Adel ..."

Hans durchschritt, leichthin nach allen Seiten grüßend, mit ihr den langen, hell erleuchteten Raum des Foyers. Er genoss es, hinter dem Lächeln der Herrschaften die Frage zu sehen: „Wer ist diese bezaubernde Frau, wer ist seine Begleitung?"

Es würden noch einige Monate vergehen, bis er sie den Eltern vorgestellt und nach und nach in seinen gesellschaftlichen Kreis – Bürger der Stadt, Geschäftsinhaber wie er, oder Beamte – eingeführt hatte. Einstweilen noch mussten sie die kostbaren gemeinsamen Stunden, mit niemandem teilen. Noch gab es kein offizielles Gesellschaftsleben, sondern nur ihre Welt zu zweit.

Kurz genug waren die Stunden, die Hans außerhalb der Kaserne verbringen konnte. Wenn sie nun zurückdachte, so war eigentlich dieser Schubertabend jener Augenblick, den Hans vielleicht sogar mit Bedacht gewählt hatte, sie sozusagen sichtbar werden zu lassen. Mit dem süßen Mädel amüsiert man sich im Café und beim Tanz, im Konzerthaus zeigt man sich mit der Dame seines Herzens. Das war seine Art, mit Leichtigkeit und Nonchalance eine Botschaft in den Raum zu stellen, „Seht her, das ist die Frau, die ich liebe!"

Von ihrem Logenplatz aus war sie gebannt dem Vortrag des Sängers gefolgt, sie hatte sogar darauf vergessen, den neuen Fächer zu öffnen. Elfenbeinstäbe und blassrosa Seide, das rhythmische Klicken beim Öffnen bezauberte sie immer wieder, weil es so ein delikater, eleganter Ton war, der einen Augenblick verheißungsvoll zögerte, ein rosa Bogen, Kulisse für ihr Augenspiel. All das vergaß sie und folgte wie im Traum der warmen Baritonstimme, den schmerzlich schönen Tönen des Klaviers.

Hans hatte der Gesang wohl auch gefallen, aber mehr noch als über die Musik freute er sich an ihrer Verzauberung. Seither begrüßte sie Hans immer mit der halblaut ins Ohr gesungenen Zeile: „Die geliebte Müllerin ist mein, ist mein!" Sie spürte, dass er hinter diesem verliebten Werben, spielerisch ins Ohr gesummt, auch noch jene Verbindung beschwor, die durch ihre schwärmerische Verzauberung durch die Musik tief in ihr besiegelt worden war.

Sie werden sie mir wegnehmen, die Weißkittel haben miteinander geflüstert, sie sagen es mir nicht, aber ich spür es, sie wollen es nicht, dass sie bei mir ist. Der Schwager war ganz verlegen, er konnte mir gar nicht in die Augen schauen. Und meine Kleine, sie ist doch meine Kleine, warum sagt sie nichts mehr, sie schaut mich so ängstlich an, dann sucht sie nach seiner Hand, warum nicht nach meiner? Der Schwager war hier, warum nicht meine Schwester? Sie kommt dich das nächste Mal besuchen, das sagt er immer. Wann ist das nächste Mal? Und wirst du meine Kleine wieder mitbringen?

»Sie ist nicht deine Kleine ...«, sagt er und seine Stimme wird düster und er bleibt nur mehr kurz stehen, mitten im Raum.

Eigentlich will er mir noch was sagen, ich spür es. Aber er sagt nichts, er hebt nur ganz kurz die Hand, zum Gruß, dann zieht er meine Kleine mit sich fort. Sie schaut zurück zu mir, aber sie sagt nichts, die Weißkittel warten an der

Tür. Ich hab es ihr doch versprochen, wenn ich hier endlich fortkomme, dann werden wir wieder in dem großen Haus mit den bunten Glasfenstern wohnen, dann werde ich ihr eine Puppe kaufen, mit echten Haaren, so groß wie sie selbst. Ich habe es ihr versprochen, warum hört mir keiner zu? – Mein Schwager ist ein guter Mann, er war immer freundlich zu mir, aber warum hört er mir nicht zu, warum vertröstet er mich immer? Das nächste Mal, auch die Weißkittel sagen „Signora, abbia pazienza, la prossima volta ..."

Warum sollte sie nicht meine Tochter sein, sie ist genau so wie Hans sie beschrieben hat, damals nach unserer Hochzeit. Wir werden eine Tochter haben, eine kleine Müllerin, weiß wie Schnee die Haut und kupferrot das Haar. Sie halten mich für verrückt, sie glauben, ich merke es nicht, wenn sie hinter meinem Rücken flüstern, warum glaubt mein Schwager den Weißkitteln und nicht mir? Wenn Hans wüsste, was hier vorgeht, er würde mit seiner Kompanie das Haus stürmen, ihm würden die Weißkittel schon glauben! Aber mein Schwager ist zu schwach. Ich bin müde. Ich bin allein ...

Die Ärzte sagen, sie sei nach unserem Besuch noch Tage aufgewühlt und unruhig, wir sollten die Kleine zu Hause lassen. Aber sie liebt sie doch, warum sollen wir ihr das antun? Sie hat ja nur mehr uns, der letzte Brief von Hans kam vor drei Jahren, wenn er schon so lange nichts mehr von sich hören ließ, wer weiß, ob er noch am Leben ist, oder ob er einfach alle Last abschütteln wollte, wundern tät es mich nicht! Ich weiß, wie du leidest, aber du musst das nächste Mal mitkommen, deine Schwester fragt jedes Mal nach dir!

Müde bin ich. Aber ich darf mich nicht ins Bett legen, haben die Weißkittel gesagt. Wer sich ins Bett legt ist krank, wer krank ist, darf nicht heim. So einfach ist das. Wenn es mir nur nicht so schwer fiele, dieser große Raum macht mir Angst. Und der Geruch erst, dieser süßlich faulige Geruch nach Kleister und nach Menschen, die aufgegeben haben, die nur mehr einen ekligen Dunst nach Verwesung ausströmen. Ich kann mich vor diesem Geruch nicht verschließen, sobald ich durch die Tür in den Raum trete, hebt sich mein Magen und Wellen des Ekels durchlaufen mich und machen mich würgen. Die Schergen der Weißkittel schimpfen mich ein faules Luder.

Nicht aber Assunta, die Mütterliche, sie hat die gleichen sanften Augen wie meine Schwester Agnes, sie legt mir die Hand auf die Schulter und führt mich langsam zu meinem Platz am langen Arbeitstisch, wo der zerbeulte Leimtiegel und der Stapel braunes Papier schon bereit stehen. Wenn Assunta mich berührt, dann beruhigt sich mein Magen, dann denke ich an Agnes, sie war meine Beschützerin!

Wie oft war Vater erzürnt, weil ich meinen Teller nicht leer gegessen hatte, weil ich vergessen hatte, Holz für den Küchenherd zu holen, weil er mich wieder einmal über ein Buch gebeugt statt bei einer Näharbeit angetroffen hatte. Agnes hatte eine kurze Erklärung parat oder verstand, ihn sonstwie abzulenken, mit wenigen begütigenden Worten. Sie schaffte es, und er ging, ohne die Hand gegen mich zu erheben, missbilligend, schnaubend wohl auch aus dem Raum. Meistens lächelte sie mich an und sagte:

»Husch, husch mein Küken, an die Arbeit, du machst das schon!«

Die anderen sehen es nicht gerne, deshalb spricht Assunta nicht so mit mir wie Agnes, aber sobald ich mich an den Tisch gesetzt habe, lässt sie ihre Hand langsam von meiner Schulter gleiten, streicht mir leicht über den Rücken und geht langsam weiter, so als ob nichts wäre. Das ist gut, mein Atem ist dann ruhiger und mein Ekel verliert sich.

Wenn ich dann zum braunen, rauen Papier greife, ist es wie damals in der Metzgerei. Ich hätte die blutigen Fleischstücke niemals anfassen können, aber das musste ich auch nicht, das war Arbeit der Lehrbuben und Gesellen.

Wenn ich an der Kassa mit den schönen Silberknöpfen saß und den Geldbetrag eintippte, dann stapelten sich diese verschieden großen, in grobes braunes Papier eingewickelten Pakete vor mir, bevor die Dienstmädchen oder die Hausfrauen sie in ihren geräumigen Einkaufskörben verstauten.

Aber das ist Vergangenheit, hier nennt mich keiner Chefin, keiner fragt nach, wie viele Würste für den Haushalt von Frau F. beiseite zu legen seien, oder ob das vorbereitete, schon ausgelöste Rindfleisch heute noch an die Küche des Stadthotels zu liefern wäre. Sie wissen nichts. Nicht die aufgeblasenen Weißkittel, die selten genug mich in den Untersuchungsraum zitieren und ungeduldig mit knarrenden Stimmen Fragen stellen. Wenn ich nicht rasch antworte, halten sie mich für blöde im Kopf und murmeln Unverständliches, sie verscheuchen mich mit ungeduldigen Handbewegungen. Wenn Assunta mich in den Arbeitsraum zurückbegleitet, flüstert sie in ihrem weichen Italienisch:

»Non preoccuparti, mia cara, vedrai, tutto andrá bene.«

Alle sprechen sie hier diese Sprache, aber bei niemanden klingt es so weich und so zärtlich wie bei Assunta. Ich verstehe alles und spreche auch sehr gut Italienisch, das habe ich in den traurigen Jahren, nachdem Hans fortging, gelernt, damals in der Stadt am See. Es waren graue, bittere Jahre, als meine Kräfte zu schwinden begannen, der Schuldenberg aber immer größer wurde.

Diese weiche, klingende Sprache schmeckt bitter. Viele meinen, ich verstünde ihre Sprache nicht, sie nennen mich la cruca, das macht mir nichts. Es ist mir recht so, ich schweige lieber, ich führe auch keine Selbstgespräche, wie viele von ihnen. Nur nachts in meinen Träumen, wenn Hans bei mir ist, da spreche ich wieder deutsch und ich lache, wenn Hans singt „Die geliebte Müllerin ist mein, ist mein!"

Ich bin nicht mehr geliebt, von niemandem! An einem der Samstage, an denen wir in die Duschräume gebracht werden, sah ich mich plötzlich im Spiegel. Auf den ersten Blick erkannte ich mich überhaupt nicht, die graue Gestalt, die sich in fahrigen Bewegungen aus dem verwaschen, grauen Anstaltskittel schälte, die blasse, graue Haut, und dann meine aufgerissenen, grauen Augen, ich begegnete meinem eigenen Blick. Ich erschrak so sehr, dass ich laut aufstöhnte, dieses weiße Haar, es war wie damals, als meine Mutter auf dem Sterbebett lag, der matte Blick, die gleichen Augen, das gleiche immer noch üppige, aber nun weiße Haar...Die alte Müllerin liegt im Sterben, murmelten sie draußen auf dem Hof, und sie verzichteten auf die üblichen Scherze, die ihre Arbeit beim Abladen des Getreides begleitete. Es breitete sich eine unheimliche Stille aus damals im Zimmer und draußen, als ob die Welt still stünde und alle Schatten näher rückten. »Basta, non far storie, se no ti mando ...«

Die alte Wärterin reißt mich herum. Meine Knie geben nach, ich sinke auf den kalten Fliesenboden und weine. Sie rammt mir ihr Knie in den Rücken und stößt mich in die Dusche. Der kalte Strahl spült all meine Tränen fort, Eiseskälte dringt in mich...

Jetzt trage ich den Tod in mir und warte... Mit jedem Schritt geht es schattenwärts, immer weiter schattenwärts.

Nachts, wenn endlich alle Schreie und aller Lärm verstummen, dann höre ich ein Flüstern in den Zimmerecken „Die alte Müllerin stirbt ..." und sie meinen mich, wie lange noch?

Patientenakte *TH. R:*

Patientin TH. R. seit Tagesanbruch im katatonen Stupor, Sperrung scheint beim Verlassen des Raumes eingetreten zu sein, die Mitpatientinnen im Schlafsaal D können nicht angeben, wann der Stupor eingetreten ist, um 5 Uhr, beim letzten Kontrollgang der Nachtschwester noch kein Hinweis, um 6 Uhr beim Morgenappell von der Tagschwester A.B. so vorgefunden. Medikation mit Kampfer (Therapie nach Meduna) in Absprache mit dem Chefarzt, Dr. A. erstmals bei Patientin Th. R. erprobt. Im Moment noch nicht absehbar, wie viele somatische Schockbehandlungen zum Erreichen der Remission notwendig sind.

Stehen, nicht bewegen, er wird mich sehen, er weiß, wie Wartende aussehen, er nimmt die Aufrechten, die sehenden Auges auf ihn warten, wer alt ist, darf im Bett liegen, darf auch wimmern, stöhnen, die anderen aber müssen gerade stehen, er nimmt nur die Aufrechten ...

Gnädige Frau, es ist eingespannt, die schwarzen Flügel zittern, beben, wie die Flanken eines scharf gerittenen Pferdes ... Gnädigste, ich weiß, sie werden erwartet, bitte gedulden Sie sich, nur noch für kurze Zeit!

Sehr geehrte Frau N.,
ich weiß nicht, ob Sie sich noch an mich erinnern, wir sind uns nur einmal im Hause meiner Schwester anlässlich des Todes ihres Schwiegervaters begegnet. Sie waren damals so freundlich und haben sich über längerer Zeit mit mir unterhalten.

Ich bin Agnes, die Schwester von Theres, ich mache mir so große Sorgen um meine Schwester. Ich kenne nur wenige Menschen aus der Zeit, in der Theres mit Hans verheiratet war, und Sie haben sich damals so viel Zeit genommen für mich, daher wage ich, diesen Brief zu schreiben.

Wie Sie sicher wissen, ist mein Schwager Hans wenige Jahre nach dem Krieg nach Amerika aufgebrochen, meine Schwester blieb bei der Schwiegermutter und führte noch einige Jahre das Geschäft. Aber Sie wissen ja, wie es in dieser Zeit war: Zu den Schulden, die Hans hinterlassen hat, kam auch noch die große Krise in der Wirtschaft. Die beiden Frauen konnten das Geschäft nicht mehr halten, sie verloren alles, die Metzgerei, das ganze Haus. Die Schwiegermutter meiner Schwester starb, eine Woche nachdem das Haus versteigert worden war

Nun stand meine Schwester ganz allein da, von ihrem Mann Hans hatte sie zu diesem Zeitpunkt schon seit mehr als zwei Jahren nichts mehr gehört.

Sie haben meine Schwester doch gut gekannt, Sie wissen ja, was für eine aufrechte, stolze Frau sie war! Diese Schmach konnte sie kaum ertragen.

Nach der Versteigerung des ganzen Besitzes blieb immer noch ein beträchtlicher Schuldenberg. Meine Schwester entschloss sich, von I. fortzugehen. Sie nahm die Führung eines Hotels in der italienischen Schweiz an, später arbeitete sie am Gardasee, aber da zeigte es sich schon, dass sie nervlich am Ende war. Sie hatte zwar in diesen Jahren allmählich alle Schulden abbezahlt, dafür aber ihr letztes verbliebenes Gut, ihre Gesundheit, verloren.

Wir haben sie zu uns nach Hause genommen, aber sie aß nicht mehr und schlief nicht mehr, der Arzt wies sie in die Nervenheilanstalt nach P. ein.

Das ist nun schon zwei Jahre her, aber es wird nicht besser mit meiner armen Schwester, ich habe solche Angst, dass sie von dort nicht lebend herauskommt!

Verzeihen Sie mir, aber nun komme ich zum eigentlichen Grund, warum ich mich an Sie wende. Sie haben damals erwähnt, dass Ihr Schwiegervater Primarius an der Klinik in I. sei. Glauben Sie mir, ich würde Sie nicht belästigen, wenn ich einen anderen Ausweg wüsste! Vielleicht könnten Sie mit ihrem Schwiegervater sprechen, dass er einen Brief schreibt, dass meine Schwester entlassen wird, wenn sie nur zu mir zurückkäme! Mein Mann und ich würden für sie sorgen.

Ich weiß, es wäre nicht leicht, aber sie war von klein auf meine Lieblingsschwester, ich ertrage es nicht, sie so ihrem Schicksal zu überlassen! Die Ärzte in P. sagen immer, wenn mein Mann fragt, ob Theres nicht nach Hause dürfe: „Ci dispiace, non adesso, forse fra sei mesi ..."

Liebe Frau N., werden Sie mit Ihrem Schwiegervater sprechen? Vielleicht könnte er als bekannter Arzt einen Brief schreiben und den Ärzten klar machen, dass Theres bei uns daheim besser aufgehoben wäre! Ich weiß, dass mein Ansinnen nicht leicht durchführbar sein wird, aber Sie sind meine letzte Rettung, ich weiß mir sonst keinen Rat mehr!

Es grüßt Sie hochachtungsvoll

Agnes Z.

PS: Mein Mann, den Sie damals in I. nur kurz kennen gelernt haben, lässt Sie grüßen, er ist ein guter Mann und ein liebevoller Vater für unsere zwei Töchter, er hat Verständnis dafür, dass ich meiner Schwester helfen möchte. Meine Brüder hingegen wollen davon nichts hören. Meine Brüder und deren Frauen meinen, Theres sei zu krank und in der Heilanstalt am besten aufgehoben.

Nicht weinen, meine Kleine, nicht weinen! Komm, lass dich in den Arm nehmen, sag kennst du mich nicht mehr? Schau nicht auf meinen grauen Kittel, schau mir ins Gesicht. Kennst du mich nicht mehr? Komm, komm ganz nah zu mir, ich erzähl dir ein Geheimnis, das kennen nur wir beide. Pass auf, vielleicht morgen schon haben die Weißkittel keine Macht mehr, dann komm ich hier raus. Dann pack ich meinen braunen Koffer, meinen Mantel mit dem schönen Silberfuchs haben diese Vogelscheuchen mir auch versteckt, aber ich werde alle Schränke aufreißen und alles holen, was mir gehört, du wirst sehn, sie werden es nicht wagen, mich zurückzuhalten, ich werde wieder heimkehren mit dem großen Koffer, und weißt du was? Bevor ich zu uns nach Hause komme, da muss ich noch was Besonderes besorgen. Ja, für dich, meine Kleine, für dich werde ich die größte Puppe kaufen, die es gibt, eine mit echtem Haar und mit einem Rüschenkleid! Nicht wahr, da staunst du, eine Puppe, so groß wie du selbst. Und schön wird sie sein, fast so schön wie du ... Psst, leise, leise, sag mir welche Farbe sollen sie haben, die Haare deiner Puppe? Blond oder schwarz oder leuchtend rot, so wie dein Haar? Ja, so wie dein Haar, die weichen Kringel, in die meine Hand versinkt, wenn ich dir über den Kopf streiche. Du wirst sehn, meine Kleine, ich kaufe auch zwei Haarspangen mit Schleifen aus grünem Samt, eine für dich und eine für deine Puppe. Leise mein Engel, verrate es keinem, das bleibt unser Geheimnis! Du wirst sehen, bald, bald!

Theres, ich bitte dich, lass Adele los, du bist fremd für sie, du weißt ja, wie kleine Kinder sind, sie fürchten sich vor fremden Menschen. Theres, sieh mich an, ich bin es, Agnes, deine Schwester, und das ist Adele, meine Tochter, meine, verstehst du! Du musst nur ein wenig Geduld haben, bitte red doch nicht so wirres Zeug, ich will dich ja zu mir heimnehmen, dann wird Adele dich jeden Tag sehen und keine Angst mehr haben. Du musst schlafen und essen, Theres, hörst du! Die Ärzte erlauben mir nur dann, dich mit nach Hause zu nehmen, wenn du keine Verrücktheiten machst, Theres, bitte!

Sie hatte ihre Bluse bis zu den Ellbogen aufgekrempelt und knetete voller Hingabe den weichen Teig. Sie genoss das elastische Nachgeben des hellen Teigklumpens, wenn sie ihn mit beiden Fäusten in einer rollenden Bewegung von der Mitte des Mehlkreises an dessen Rand schob und mit einer aus dem Handgelenk leicht fließenden Rückholbewegung wieder in die Mitte beförderte.

Sie war so vertieft in ihre Arbeit, dass sie mit einem erschrockenen, halb unterdrückten Aufschrei reagierte, als sie die Hände spürte, die sie um die Mitte fassten. Es war Hans, der lachend seine Lippen über ihren Hals gleiten ließ und neckisch über ihre erhitzten Wangen blies. „Die geliebte Müllerin ist mein, ist mein!" Schon hatte er das Band der weißen Schürze gelöst und sie mit einer theatralischen Geste auf den Küchenstuhl segeln lassen. Lachend fasste er ihre mehlweißen Hände und zog sie ins Schlafzimmer. Sie kam gar nicht mehr dazu, ihre Hände zu waschen, er umkreiste sie, immer noch lachend, summend und mit erstaunlicher Geschicklichkeit löste er Ösen und Knöpfe an ihrem Kleid, bis sie in ihrer weißen Spitzenwäsche vor ihm stand. Nun war sie der Teig in seinen Händen, elastisch und nachgiebig und immer noch mit klopfenden Herzen, wie beim ersten Mal, gebannt von der spielerischen Anmut, dieser delikaten Spannung, die dieser Mann erzeugte.

Er war so anders als alle Männer, die ihr bis dahin begegnet waren. Es war eine Leichtigkeit um ihn, als würde er ständig tanzen, jonglieren, mit Worten und mit seinem Körper. In ihrer Kindheit und Jugend gab es nur ernste, verschlossene Männer wie ihren Vater, oder jene übermütigen, auch etwas tollpatschigen jungen Männer wie ihre Brüder es waren, die in ihrer Gegenwart weder mit ihrer Kraft noch mit ihren Gefühlen so recht umzugehen wussten und daher verlegen auf Abstand blieben. Es war immer sehr viel Raum um sie, sie brauchte diesen Abstand, sonst konnte sie nicht atmen.

Natürlich gab es in der Zeit, als sie noch in dem Stoffgeschäft gearbeitet hatte, die eine oder andere Begegnung. Manchmal hatte sie mit ihrer Freundin auch darüber gesprochen, aber sie hielt sich immer zurück, sie mochte diese Vertraulichkeiten unter Freundinnen eigentlich nicht, deshalb erzählte sie erst spät von Hans. Mit Hans war dieses – bei sich selbst nannte sie es ihr Inselgefühl – nicht da, nie. Sie war ständig überrascht von seinem Anderssein, und doch schien ihr als könne sie nur mehr auf diese Weise leben: Dieses Schweben und doch aufgehoben sein! Sie, die Scheue, die Vorsichtige ließ sich in diesen Wirbel fallen und vom ersten Augenblick an schien es, als müsste alles genau so sein, als hätte alles seine Richtigkeit.

Sie ließ ihren Blick über das Schattenspiel am Boden gleiten, die Sonne schien schräg durch das Küchenfenster und warf ein ungewisses Muster in Helldunkel auf die Dielenbretter. Andächtig sog sie den Kaffeeduft ein, der aus der dampfenden Tasse aufstieg. Der genussvolle Biss in das innen weiche und außen knusprige Butterhörnchen, ein weiterer Klacks von der Marillenmarmelade, und der Tag konnte beginnen.

Sie dachte flüchtig zurück an das Frühstück, das daheim auf den Tisch kam. Die mit Mehl und Milch zubereitete Brennsuppe bildete den Hauptbestandteil, in diese Suppe brockte man das harte Roggenbrot, die ersten Löffel ließen einen noch den Unterschied zwischen der Suppe und den festen Brotstücken spüren, bald aber hatte sich Brot und

Suppe zu einem Brei vermischt. Sie ekelte sich vor den schleimig gewordenen Brotstücken, sie wartete nur darauf, in einem unbeobachteten Augenblick den Teller in den Kübel unter dem Ausguss zu schütten, der mit anderen Küchenabfällen gefüllt das Schweinefutter enthielt.

Das Geräusch der ins Schloss fallenden Wohnungstür ließ sie zusammenzucken und holte sie aus ihren Erinnerungen in die Gegenwart zurück. Wer konnte das sein? Nur Hans und die Schwiegereltern hatten Schlüssel zur Wohnung. Hans sollte doch erst in zwei Tagen von seiner Dienstreise zurück sein, und die Schwiegermutter würde niemals ohne Vorankündigung in die Wohnung kommen, sie würde zuerst läuten. Hastig erhob sie sich, übersah die Serviette, die von ihrem Schoss zu Boden fiel.

Draußen in der Diele stand er reglos an die ins Schloss gefallene Eingangstür gelehnt, grau im Gesicht, bräunliche Schatten um die geschlossenen Augen, flatternde Lider. Er flüsterte heiser für sie Unverständliches vor sich hin. Dieser Mann mit der schief sitzenden Krawatte und dem geöffneten Mantel, darunter die nachlässig geschlossene Weste, war ihr fremd. Ihr war kalt und wie aus der Ferne hörte sie ihre eigene, unsichere Stimme:

»Um Himmels willen, was ist los mit dir, bist du krank?«

Es war so verstörend zu sehen, wie er abwehrend und beschwichtigend zugleich die Hand hob und kaum merklich den Kopf schüttelte.

»Nicht jetzt«, das waren die einzigen Worte die sie verstehen konnte, dann stieß er sich von der Tür ab, an die er sich bis jetzt gelehnt hatte, und ging über den Flur Richtung Schlafzimmer. Sie wagte es nicht, ihm zu folgen. Zurück in der Küche hob sie gedankenverloren ihre Serviette vom Boden auf, bald würde die Haushälterin da sein. Ich muss ihr sagen, dass Hans da ist und Ruhe braucht, sie soll unser

Schlafzimmer heute beim morgendlichen Aufräumen und Staubwischen auslassen.

»Gnädige Frau, ich werde mit Ihrem Gatten sprechen, Sie brauchen jetzt Schonung, der Blutverlust war sehr groß. Eine Kur wäre angebracht, Karlsbad zum Beispiel. Aber nun denken Sie an nichts mehr, schlafen Sie einfach, ruhen Sie sich aus!«

Sie fühlte sich leer, nicht traurig, nicht verzweifelt, nur leer, sich selbst fremd. Sie hoffte, man möge sie in Ruhe lassen, nur keine weinende Schwiegermutter, die meinte, ihr Trost zusprechen zu müssen:

»Du bist noch jung, mach dir keine Sorgen, das nächste Mal wird alles gut gehen.«

Auch keinen Ehemann, der hilflos am Bett stehen würde, seine Enttäuschung nur schlecht verbergend, obwohl er sagen würde, dass er froh sei, dass sie noch lebe.

Sie blickte starr geradeaus, ihr Blick fiel auf den großen Kleiderschrank aus Nussholz, der an der gegenüberliegenden Wand stand. Warum habe ich nie gesagt, dass ich mich erdrückt fühle von diesem braunen Ungetüm, ich schau darauf wie auf die Innenwand eines Sarges. Vielleicht wäre es einfacher, die Augen zu schließen, sie nie mehr zu öffnen. Sich die großen glänzenden Blattteller vorstellen, matt glänzendes, tiefes Grün, im Botanischen Garten in Wien. Hans hatte sie ihr gezeigt, die Seerosenblätter, so groß wie Kissen. Darauf die Puppenkörper ihrer Kinder, für jedes einzelne ein sanftes, grünes Schaukelkissen. Wie viele schon!

Sie fuhren mit der Straßenbahn bis zum Unteren Belvedere. Hans hatte es durchgesetzt, dass sie ihn diesmal auf der Geschäftsreise begleitete. Er war in Verhandlung mit einem Wiener Zunftgenossen, der in der Innenstadt eine Fleischhauerei mit angeschlossenem Feinkostladen betrieb. Hans hatte schon seine Fühler ausgestreckt, man war durchaus interessiert, Tiroler Spezialitäten, Wurst und Speck, im Feinkostladen zu vertreiben. Sie war so stolz auf ihren Mann, wenn sie ihn dabei beobachtete, wie er mit Menschen umging. Er hatte etwas von Leichtigkeit und Witz an sich und dennoch Zielstrebigkeit, er ging auf Menschen zu, ohne aufdringlich zu sein, erspürte instinktiv deren Stimmungslage, stellte sich darauf ein, ohne sich zu verbiegen und gewann damit deren Vertrauen, im Privaten wie im Geschäftlichen. Es war eine erfolgversprechende Zeit, man wollte nach vorne schauen, wenn auch gerade in dieser Stadt einem auf Schritt und Tritt vor Augen geführt wurde, dass der Glanz des alten Kaiserreichs nun fern war, nur mehr ein Traum von unverbesserlichen Nostalgikern. Die Bürger der Stadt, die sich ein gutes Leben leisten konnten, gab es immer noch, wenn sie nun vielleicht auch aus anderen Gesellschaftskreisen kamen, aber davon verstand sie nichts, sie wusste nur so viel, die Geschäfte würden sich gut entwickeln, und Hans war glücklich und voller Pläne. Es kam immer wieder vor, dass sie sich fragte, wann sie wohl aus ihrem Traum erwachen würde, ein galanter Mann der ihr lächelnd seinen Arm bot, ihr Gesicht umspielt von der weichen Wärme des ausladenden Silberfuchskragens, ihre Hände im weichen Silberfuchs-Muff verborgen, und dann noch der Hut, eine ziemlich üppige blumen- und schleifengeschmückte Kreation aus einem sündhaft teuren Geschäft am Graben. Sie wusste sich zu bewegen, das Mädchen vom Lande war weit weg, ein naives Naturkind war sie aber auch nie gewesen. Ihr zurückhaltendes Wesen wurde ihr zwar manchmal als Reserviertheit ausgelegt, aber sie fühlte sich geschätzt, ja sogar mit Ehrerbietung behandelt, und doch blickte sie immer mit Abstand auf ihr eigenes Leben, sich fragend, womit sie dieses geordnete und sichere Leben verdient habe? Sie behielt ihre Gedanken für sich, lächelte, während Hans ihr liebevolle Worte ins Ohr flüsterte, Wolken vertreiben, nannte er es und blies mit geschlossenen Augen leicht gegen ihre Stirn, dabei musste er sich fast verrenken, um sein Ritual durchführen zu können, denn der neue imposante Hut war ein beträchtliches Hindernis. Und wie immer, wenn er wieder die Augen öffnete, lächelte sie, bezaubert von seiner kindlichen Verspieltheit und Verliebtheit. Umhüllt von seiner heiteren Zuneigung, spazierten sie langsam über die gepflegten Kieswege des Schlossparks. Dann wollte ihr Hans unbedingt noch den Botanischen Garten zeigen. Sie wandelten durch die verschiedenen Areale, am besten gefiel ihr das kleine Tal mit den unzähligen Narzissen, die sich trotz der noch schwachen Märzsonne schon geöffnet hatten. Wenige Monate später, am Ende des Sommers in jenem Jahr, standen sie nochmals im botanischen Garten, nun vor jenem Teich mit den wunderbaren porzellanweißen Blüten und wächsern schimmernden schwimmenden Blättern. Sie konnte sich nicht losreißen von diesem Anblick, und auch später beim Abendessen mit dem neuen Geschäftspartner kehrten ihre Gedanken immer wieder zurück zu jenen dunklen, glattgrünen Tellern, reglos auf dem dunklen Wasser liegend, und jenen majestätischen Blüten, jede für sich, unnahbar.

Eins zwei drei vier fünf sechs, so viele Schritte wie die Saiten der Gitarre, eine geheime Botschaft. Sie haben die Gitarre in mein Zimmer gehängt, damit ich die Botschaft verstehe. Ich habe nicht nachgefragt, ob auch sie das Flüstern hören. Agnes würde mich besorgt anschauen und sagen, ich bildete mir alles nur ein. Jetzt, immer wenn meine Schritte langsamer werden, hör ich die Stimme aus der dunklen Öffnung: »Du darfst nicht ruhen, geh weiter!«. Das Raummaß, sechs Schritte nach Norden, sechs nach Osten, sechs nach Süden, sechs nach Westen. Ich gehorche ja schon, sechs und sechs und sechs ...

Es rauscht, der Herbstwind hat sich in meinem Kopf festgesetzt, auch wenn es dunkel wird, das Ausruhen ist nicht erlaubt. Hilft mir keiner? Geh weiter, wir erlauben dir nicht stillzustehen. Immer wenn Agnes ins Zimmer kommt, schweigen sie, sie warten. Ich kann Agnes nichts erzählen, sie würde es mir nicht glauben, Agnes sagt, ich soll mich ins Bett legen und schlafen, aber das geht nicht, sie erlauben es mir nicht!

Hans würde sie zum Schweigen bringen, aber er ist fort.

»Ich kann das nicht mehr länger mit ansehen, um Himmels Willen, Theres, so nimm doch Vernunft an, du musst essen. Jeder Mensch muss essen, du wirst krank, und ich kann dir nicht mehr helfen.«

Sich zu Tode tanzen wie die böse Stiefmutter, wer spricht denn vom Sterben, du sollst büßen, seine Schulden abtragen, mit deinen Füßen, bis du den Berg eingeebnet hast, nicht ruhen sollst du, geh weiter!

»Wir müssen den Arzt holen, sie schläft nicht mehr, ich höre sie die ganze Nacht durchs Zimmer wandern. Seit drei Tagen hat sie nichts mehr gegessen, nur ein wenig Wasser hat sie zu sich genommen, im Gehen, sie hört nicht auf damit, wie ein eingesperrtes Tier wandert sie durch das Zimmer. Sie ist schon so geschwächt, ihr Blick flackert, ich glaube, ich erreiche sie nicht mehr. Seit drei Tagen hat sie ihre Kleider nicht mehr abgelegt, sich nicht gewaschen, meine arme Schwester, sie ist verrückt geworden!«

Agnes sprach hastig, der Arzt kannte sie nur als ruhige, überlegte Frau, nun war sie völlig aufgelöst, ratlos. Er war zwar nur ein einfacher Dorfarzt, die Patienten, mit denen er es sonst zu tun hatte, waren an Grippe erkrankt, hatten verstauchte oder gebrochene Glieder, aber eine kranke Psyche war sein Handlungsfeld nicht.

Als Agnes die Tür zum Zimmer öffnete, in dem ihre kranke Schwester mitten im Zimmer, mitten in der Bewegung erstarrt, ihr bleiches Gesicht den Eintretenden zuwandte, bat er Agnes zu bleiben, während er Theres begrüßte und sich als Arzt vorstellte.

Agnes spürte, wie ihre Kehle eng wurde von den aufsteigenden Tränen. Wie konnte es so weit kommen, wie unerreichbar stand sie da, mitten im Raum. Ihr Haar stand ihr wirr um den Kopf, das früher glänzende Kastanienbraun war nun stumpf, zum ersten Mal fielen Agnes die weißen Strähnen auf, die sich deutlich vom Braun der Haare abhoben. Die Augen lagen in bläulichen Höhlen, die Lippen waren trocken, aufgesprungen, über sie kam kein Ton. Während der Arzt ruhig und begütigend auf Theres einsprach, führte er sie vorsichtig zum Stuhl, sie gehorchte willenlos, sie sank auf den Stuhl nieder. Agnes schien es, als hänge da nur mehr die äußere Hülle ihrer Schwester. Sie half dem Arzt, den Ärmel hochzuschieben, er hatte die Spritze mit dem Beruhigungsmittel schon aufgezogen.

New York, 15. August 1931

Meine liebste Theres, geliebte Frau,
Ich schreibe Dir heute, am 'Hoch-unser-Frauentag', daheim waren wir um diese Zeit beim Hochamt, später bei der Prozession. Nach der Messfeier hat Mutter schon mit dem Festtagsbraten auf uns gewartet, und am Nachmittag sind wir mit der Bahn hinauf ins Kühle gefahren. Theres, wie sorglos war unser Leben, wir hatten doch viele schöne Jahre zusammen! Diese wunderbare Zeit kann uns keiner nehmen, daran sollten wir beide festhalten!

Wahrscheinlich habe ich kein Recht, Dir sentimentale Phrasen zu schreiben, Theres. Ich weiß, die letzten Jahre waren die Hölle für Dich, und keiner war da, um Dich zu beschützen! Ich weiß wohl, dass ich die alleinige Schuld trage am Niedergang unseres Geschäfts. Ich fühle mich schuldig. Aber mehr noch bedrückt mich, dass ich nicht am Totenbett meiner Mutter war. Ich weiß, sie hat Dich geliebt wie eine eigene Tochter. Gerade deshalb wird es sie so sehr geschmerzt haben, Dich von mir verlassen zu wissen. Aber Theres, sag, was hätte ich tun sollen? Die Schulden, die Schmach, ich sah nur mehr diesen einen Ausweg.

Nun bin ich schon mehr als drei Jahre hier, aber es ist so viel schwieriger, als ich vermutet hatte, ich komm einfach nicht auf die Beine, immer wieder Rückschläge. Immer noch wohne ich zur Untermiete, diese Enge, diese Unsicherheit will ich Dir nicht zumuten. Vielleicht würde das Geld für eine Schiffspassage reichen, aber dann, Theres, wie sollen wir hier Fuß fassen? Und die Sprache! Irgendwie komme ich schon zurecht, aber ich schäme mich für meine ungelenke Redeweise, und das scheinen auch die Menschen zu spüren.

Ich bin nicht mehr der Alte, auch Du würdest mich nicht mehr so recht erkennen. Stell Dir vor, seit ich hier angekommen bin, habe ich keinen Witz mehr erzählt, keinen zum Lachen gebracht, wie denn auch, wo ich ja nur das Nötigste sprechen kann!

Ich habe gehört, dass es in den den Autofabriken weiter im Norden Arbeit geben soll. Vielleicht, Theres, wird das unser Glück, dann kommst Du nach und wir mieten uns ein kleines Haus mit einem kleinen Garten, so wird vielleicht doch noch alles gut.

Wir beide dürfen die Hoffnung nicht aufgeben, ich schwör Dir, kein Spieltisch hat mich mehr gesehen, seit ich hier ange-

kommen bin, ich muss es schaffen, halt auch Du durch, mein geliebtes Mädchen!

Es küsst Dich innigst

Dein Hans

PS: Ich habe noch ein Blatt für den Schwager beigelegt, ich wünsch mir, dass Du so lange im Haus deiner Schwester Agnes wohnen bleibst, bis ich Dir das Geld für die Überfahrt schicken kann.

Lieber Schwager,
bedauerlicherweise bin ich noch nicht so weit, meine Frau, die liebe Theres, nachkommen zu lassen. Ich bin ganz darauf angewiesen, dass Du noch ein wenig Geduld hast und Theres so lange bei Euch unterkommt, bis ich das Geld beiseitegelegt habe, das für die Überfahrt und auch für eine passende Mietwohnung reicht.

Weit bin ich gefallen, Schwager, auf dem Grabstein meines Vaters steht 'Hausbesitzer, Geschäftsmann und Metzgermeister', bei mir müsste 'Spieler und Schuldner' stehen, aber danach fragt hier keiner, und so Gott will, werde ich wohl noch so lange leben, um wenigstens bei meiner Theres Abbitte leisten zu können!

Ich schufte und hoffe, dass ich im kommenden Jahr so weit sein werde, meine Frau nachkommen zu lassen, um mit ihr hier nochmals neu zu beginnen.

Grüß mir Deine großherzige Frau Agnes

Dein Schwager Hans

Sie hat mir ihre Federboa geliehen, damals für den Maskenball! Als ich sie im ersten Jahr ihrer Ehe in I. besuchte, war es für mich so, als blickte ich durch ein Fenster in ein wunderbares, heiteres Leben. Es war das Jahr vor Ausbruch des

Krieges. Nie vorher und nie mehr nachher habe ich Theres so erlebt, so fröhlich und unbeschwert. Die Einladung zu einem privaten Maskenball lag am Silbertablett auf dem hochbeinigen, schwarzen Jugendstiltischchen in der Eingangsdiele. Ich hatte die Karte bis dahin gar nicht bemerkt, bis meine Schwester lachend ins Wohnzimmer getänzelt kam, die Karte wie einen Fächer vor das Gesicht hielt und in übertrieben gekünstelter Ausdrucksweise meinte:

»Schwesterherz, diesen Abend lassen wir uns nicht entgehen!«

In den darauffolgenden Tagen war von nichts anderem mehr die Rede. Da wurden verschiedene mythologische Gestalten bemüht, der ganze griechische Götterhimmel durchforstet. Aber es konnte sie keine Helena und keine Aphrodite so richtig überzeugen. Ganz plötzlich sprang sie auf, sie hatte gerade die Zeitung überflogen, als sie ganz aufgeregt meinte:

»Nun weiß ich es, wir werden als die Hauptfiguren der neuen Strauss-Oper gehen!«

Die Zeitungen waren voll des Lobes über die gelungene Aufführung in Dresden, eine Wiener Opernzeitung zeigte die Kostüme der Hauptfiguren und gab auch die Handlung des Librettos wieder, so dass ich mir allmählich etwas unter den Figuren vorstellen konnte. Theres war nämlich nicht mehr davon abzubringen, ich sollte die Marschallin darstellen, Theres würde mein Rosenkavalier sein und ihr Mann Hans sollte uns als Baron Ochs begleiten.

Für mich hatte sie ein wunderbares Abendkleid aus meergrüner Seide bereitgelegt, es war das Ballkleid, das sie getragen hatte, als sie als Verlobte von Hans in die Gesellschaft eingeführt worden war. Sollte sich die eine oder andere Dame daran erinnern, so freute sie sich, dann würden sie ja auf die falsche Fährte gelockt, denn das Kleid würde ich tragen und nicht sie, Theres. Schwarze lange Handschuhe aus Satin und die schwarze Federboa, natürlich auch noch die kleine, mit Federn umrahmte Halbmaske durften nicht fehlen. Als ich mich im Spiegel sah, konnte ich es nicht glauben, dass hinter dieser eleganten Erscheinung ich steckte, das einfache Mädchen vom Lande.

Sie aber hatte sich aus dem Theaterfundus eine weiße Perücke mit Zopf besorgt. Eine graublaue Seidenlivree mit Silberknöpfen, eine seidene Kniebundhose und weiße Strümpfe vervollständigten ihre Kleidung, als Schnallenschuhe mussten kurzerhand die Trachtenschuhe ihrer Schwiegermutter herhalten. Mit der schwarzen Halbmaske und in diesem Aufzug ging sie ohne weiteres als junger Mann durch, so schmalhüftig und flachbrüstig, wie sie zu dieser Zeit war.

Für ihren Mann Hans als Baron von Ochs war der Frack, für den er sonst ja kaum Verwendung hatte, genau das Richtige.

Es gab da einen Moment, als Theres und ich am Vorabend des Balls die Kostüme probierten, da erschien mir mein Schwager plötzlich irritiert. Als wir aus dem Schlafzimmer kamen, wo wir uns kichernd umgezogen hatten, und über den Flur ins Wohnzimmer traten, hat Theres mich plötzlich vorgeschoben und ist dann in einem Abstand von wenigen Schritten, ganz nach der Art eines untertänigen Dieners erst nach mir in den Raum getreten. Wir trugen zu diesem Zeitpunkt noch keine Masken. Ich glaubte, für einen Bruchteil von Sekunden hat er mich dennoch für Theres gehalten, schließlich trug ich ja ihr Kleid, dann erkannte er, dass seine Frau in der Knabenkleidung steckte. Er starrte sie an, schüttelte den Kopf und meinte:

»Ach, so hast du dir das gedacht, aber ...«

Und wieder schüttelte er den Kopf, verrückt, verrückt murmelte er, dann lächelte er auch schon wieder und schien sich letztendlich darüber zu amüsieren. Aber ich hatte diesen Ausdruck von Befremdung in seinem Gesicht wahrgenommen, so dass ich später versuchte, Theres umzustimmen, wir sollten doch die Rollen tauschen, aber da war nichts zu machen: Das komme überhaupt nicht in Frage, meinte sie und plötzlich fühlte ich mich ganz verwirrt, als ich merkte, dass diese fröhliche Scharade geheimnisvolle Anklänge hatte, die ich nicht benennen konnte.

Das Kostümfest war für mich das aufregendste Ereignis meiner Jugendtage. Bis Mitternacht, bis die Masken fielen, hielten mich alle Anwesenden für Theres. Mein Schwager tanzte wohl einige Walzer mit mir und immer wieder flüsterte er mir mit einem Seitenblick auf Theres ins Ohr:

»Schau sie dir an, was ein Paar Kniebundhosen aus deiner Schwester machen! Ein verrücktes Kind, ich lieb sie ja so sehr, wenn sie nur öfters so fröhlich wäre!«

Immer wieder musste ich sie verstohlen beobachten, wie sie mit vollendeter Eleganz, mit einer knapp angedeuteten Verbeugung Damen der Gesellschaft zum Tanz aufforderte. Keine lehnte ab, alle schienen der Meinung zu sein, in den Armen eines besonders jungen Mannes zu liegen. Männer führen beim Tanz, also woher hatte sie das gelernt? Mein Schwager hat sie kein einziges Mal zum Tanz aufgefordert, er wollte ihr wahrscheinlich das Spiel nicht verderben, doch atemlos und seltsam erregt hatte er nur Augen für sie. Irgendwann verschwand er dann mit anderen Männern in das Herrenzimmer, dort würden nicht nur dicke Zigarren geraucht, dort würde auch gespielt werden.

Den letzten Walzer vor Mitternacht, um zwölf mussten die Masken fallen, tanzte Theres mit mir. Ich habe es genossen, meinte sie, ich danke dir, Schwester, gib mir die Hand, den Triumph kosten wir gemeinsam aus!

Wie aus einem Vulkan sprühten Stimmengewirr, Lachsalven auf, Grüppchen von Menschen bildeten sich, sich gegenseitig ihrer Identität versichernd, lösten sich wieder auf und wandten sich anderen zu. Theres war wie im Taumel, aber sie ließ meine Hand nicht los, und wie auf Wogen aus Lachen und fröhlichen Kommentaren wurden wir zwei Schwestern durch den großen Ballsaal gespült, direkt in die Arme von Hans, der uns stolz beide um die Mitte fasste.

»Du musst verstehen, ich kann das nicht! Ich kann nicht dieses Haus betreten, es ist schrecklich! Bitte lass mich hier auf der Bank warten, vielleicht darf Theres mit dir für eine Stunde in den Garten kommen, heute, zu ihrem Geburtstag? Bitte verzeih mir, ich kann nicht über diese Schwelle treten.«

Marie, eine der jüngeren Schwestern, sah Agnes mit aufgerissenen Augen an. Sie war zum ersten Mal mit ihr zu Besuch in dem düsteren Haus, dessen hohe Fassaden mit den vergitterten Fenstern so ernst und abweisend wirkten, dass sich die junge Frau einfach nicht von der Bank unter den alten Bäumen fortbewegen wollte. Die Klinik war von einem Park umgeben, Patienten, denen es ein wenig besser ging und die von ihren Angehörigen begleitet wurden, durften auf Bänken unter den Bäumen sitzen oder über die gewundenen Kieswege wandern und so ein wenig frische Luft und die heilsame Wirkung der alten Bäume genießen.

Agnes war immer schon die vernünftige, die unerschütterliche Schwester, man konnte sich auf sie verlassen, sie wusste immer, wo es langgeht. Ganz besonders für Theres war Agnes mehr als eine Schwester, eine Beschützerin. Warum wohl war Theres immer schon so anders als wir?

Als wir noch klein waren, ich war noch nicht zehn und Theres gerade um eineinhalb Jahre älter, Herbst war es und es regnete in Strömen, wir beide teilten uns den großen schwarzen Schirm, die wenigen Bücher und Hefte klapperten bei jedem unserer Schritte in den alten, abgeschabten Schulranzen, als sich zwei ältere Jungen uns in den Weg stellten.

»Warum habt ihr Müllermädchen einen schwarzen Schirm, der passt ja gar nicht zu euch, ihr solltet einen weißen haben!«

Das breite, flache Gesicht des Einen nahm einen grausamen, starren Ausdruck an, ich wusste, er wollte uns den Schirm entreißen. Aber wie sollte ich das der Mutter erklären, wenn wir durchnässt und ohne Schirm nach Hause kämen?

»Wahrscheinlich hast du Recht, aber wir haben nur diesen ...«

Theres war zur Hälfte unter dem schützenden Schirmdach hervorgetreten, mit aufgerissenen, grauen Augen starrte sie unverwandt auf den Jungen, große Regentropfen lösten sich von der Schirmspitze und fielen zuerst auf Theres' Scheitel, bahnten sich langsam den Weg über ihr blasses Gesicht. Es schien mir, als hätten sich ihre Füße vom Boden gelöst, so als ob sie für einen Augenblick schweben würde. Seltsam. Der zweite Junge meinte:

»Ach lass es doch gut sein, es ist nur ein Mädchen ...!«

»Oder vielleicht ein Gespenst!«, meinte der andere und lachend rannten sie davon.

Warum erinnere ich mich an diese Szene? Mir schien oft, die Luft um Theres verdichte sich irgendwie, ihr schmaler Körper spannte sich wie die Sehne eines Bogens. Jeder, der in ihrer Nähe war, konnte in solchen Augenblicken etwas wahrnehmen, das so anders war, schwer zu benennen.

Wenn es Streit in der Familie gab, die Brüder blieben sich ja nichts schuldig, dann konnte es sein, dass Theres dazukam, und irgendwie geschah es dann, dass sie in diese konzentrierte Starre fiel.

Eigentlich sagte sie gar nichts, aber den Streithähnen fehlte plötzlich die Kraft weiterzumachen, als hätte sie diese Energie wie ein Magnet angezogen und um ihren schmalen Körper herum verdichtet. Unter irgendeinem Vorwand trotteten beide beschämt, jeder in eine andere Richtung, davon. Meist dauerte es dann noch ein paar Sekunden, bis diese vibrierende Starre von ihr abfiel. Sie tat nichts, sie sagte nichts, aber jeder spürte eine unsichtbare Grenze. Keiner sprach darüber, aber für Theres galten eben andere Gesetze. Seltsam.

Mein Gott, wie eifersüchtig ich manchmal war! Ich war neidisch auf ihr Aussehen, ihre durchsichtige, blasse Haut, an den Schläfen die leicht bläulichen Schatten, und ihre Augen erst, riesig, gläsern grüngrau. Alles an ihr war schön und zerbrechlich. Ich, Marie, die Kräftige mit den rosigen Wangen, ein Schulmädchen wie hundert andere auch. Sie aber, sie tat nichts, um auf sich aufmerksam zu machen, sie sagte nichts, und doch schienen alle von ihr verzaubert. Mich übersah man oder holte mich mit einem Augenzwinkern zu irgend einer Tätigkeit, ich musste mich anstrengen, wenn ich gelobt werden wollte, sie brauchte nur da zu sein, sogleich fielen alle in eine sanftere Sprechweise, mir war, als bemühten sich selbst Erwachsene, in ihrer Gegenwart sich leise und behutsam zu bewegen.

Die Eisenstäbe stehen gerade so weit auseinander, dass mein Gesicht bis zu den Schläfen hineinpasst, jetzt so früh am Morgen ist es noch ruhig im Schlafsaal. Die Nachtschwester hat ihre Runde beendet, bis zum Morgenappell bleibt mir noch eine halbe Stunde. Ich habe den Glockenschlag vom Pfarrturm der Stadt gehört, diese halbe Stunde ist meine Zeit. Der Himmel ist schon hell im Osten, die Bäume im Park zeigen sich im frischen, jungen Grün. Ich mag dieses Grün, wie damals daheim in der Kräuterecke in unserem Garten, die zarten, weichen, hellgrünen Blätter der Zitronenmelisse und die dunkleren, rot geäderten der Pfefferminze, sie bildeten einen duftenden Teppich. Wenn ich mit meiner flachen Hand darüber streifte, stieg dieser herbkühle Duft auf, und ich spürte in mir ein Glücksgefühl. In dieser Ecke holte ich mir Trost, träumte ich mich fort, nur Agnes wusste von der Bedeutung dieses Ortes für mich.

Später als ich in I. mit Hans im Stadthaus wohnte, besuchte ich jeden Morgen in Gedanken meine grüne Ecke. Beim Aufwachen hielt ich für einige Zeit meine Augen geschlossen, bis ich den kühlen Duft in der Nase spüren konnte, dann erst fühlte ich mich für den Tag gerüstet.

Die Blätter der Linden haben auch dieses helle Grün, wie die Melissenblätter, die Ulmen das dunklere Grün der Pfefferminzblätter. Ach, könnt ich sie doch nur berühren, aber ich erreiche sie nur mit den Augen. Strecke ich meine Arme durch die Gitterstäbe, flattern sie wie hilflose Vögel. Sie berühren nur Luft. Warum? Laut weinen möchte ich, es schmerzt so! Wie oft haben die Bäume im Park ihr Blätterkleid gewechselt, seit ich hier bin? Ich weiß es nicht.

Als Agnes mich besuchen kam, war auch Marie dabei. Marie, die nicht ins Besucherzimmer kommen wollte, die draußen unter dem Blätterdach sitzen blieb. Wie versteh ich Marie, ich habe es ihr auch damals gesagt, ich würde so gerne im grünen Zelt wohnen, mit Amseln und Spechten als Nachbarn. In Grün will ich mich kleiden, in grünen Tränen weiden. In Grün möcht ich mich betten, nur Grün statt weiße Stäb´und Ketten. Grün wie Rosmarein, im Weiß bin ich allein ...

Agnes hat gesagt, ich solle jeden Sonntag zur Bank unter die Linde kommen, das würde mir gut tun. Aber dann ist der Winter gekommen, und der Schnee fiel durch die kahlen Äste, kein Grün mehr, nur weiß, weiß. Aber jetzt wird Frühling, das Grün kommt wieder, nächsten Sonntag werde ich die Bank wieder aufsuchen. Wenn Agnes kommt und ein grünes Kleid trägt und meine Kleine die grüne Samtmasche, dann wird das Tor sich öffnen und ich geh mit ihnen zurück nach Haus!

Welche Farbe hatten Jacke und Mütze des Briefträgers, damals in I.? Ich weiß es nicht mehr, ich habe nur sein blasses Gesicht vor mir, ein wenig unsicher, aber von einer amtlich distanzierten Freundlichkeit. Jeden Morgen wartete ich auf ihn, vielleicht würde er diesmal ein Lebenszeichen von Hans bringen. Das Läuten an der Wohnungstür, ich flog förmlich über den Flur und riss atemlos die Tür auf, da stand er auch schon, er ist sogar erschrocken zusammengezuckt, weil ich so ungestüm die Tür geöffnet hatte.

»Gnädige Frau!« sagte er, »Ihre Unterschrift bitte!« Er reichte mir den abgegriffenen Block im speckigen Ledereinband, die Füllfeder zum Unterschreiben, nicht ohne vorher gewissenhaft und irgendwie umständlich Datum und Uhrzeit vermerkt zu haben. Abwartend, bis ich meinen Namen aufs Papier gesetzt hatte, stand er da, hielt einen Brief in den Händen, den ich sofort erkannte, ein amtliches Schreiben. Mir wurde eng in der Kehle, das Atmen fiel mir schwer, Hans ist etwas zugestoßen! dachte ich. Eine angedeutete Verbeugung und schon hatte sich der Postbote zum Gehen gewandt, ich stand noch in der offenen Tür, fühlte, wie meine Knie weich wurden, ich werde diesen Brief öffnen müssen, und dann wird nichts mehr so sein wie vorher ...

Verlautbarung im Amtsblatt vom 1. Oktober 1928
Versteigerung der Liegenschaft Nr. 1097

Schneeland

Weiß wie Mehl, weiß wie Schnee, weiß du Farbe der Einsamkeit.

Bittet für sie!

Weiß, ohnmächtige Dulderin.

Bittet für sie!

Weiß, du Leichentuch der Unschuld.

Bittet für sie!

Der du alle Zeichen gelöscht hast, weiße Blätter in nie versandten Briefen,

habt Erbarmen mit mir!

Langsam sinke ich zurück in den weißen Staub – ich löse mich auf in der weißen Unendlichkeit ...

Sie verstehen mich nicht, sie, die noch Farbe in sich tragen. Im weißen Schneeland haben alle ihre Farben abgegeben, wer sie nicht abgibt, kommt nicht über die Grenze.

Müde bin ich und schwach, so lasst mich doch schlafend hinübergleiten, behaltet euer Grün und Blau und Rot, laut und fremd sind eure Farben, im Schneeland herrscht nur stilles Weiß.

Weiß, Schlaflied der Erlösten,

Bitte für sie.

Weiß, du Trösterin der Ruhelosen, nimm alle Seelen auf in dein Reich, lass sie eins werden im unendlichen Schneeland, auf dass ihre Seelen Ruhe finden in dir ...

Imma

Die Enkelin legt das Foto vor sich hin. Eine Frau und ein Mann. Beide blicken in die Kamera. Aufrecht stehen sie, bemüht, der Bedeutsamkeit des Augenblicks gerecht zu werden. Ernst der Blick der Frau, alterslos ihre Züge, die leicht nach unten gezogenen Lider wie Schwingen dunkler Vögel. Sie trägt den Kopf aufrecht, dennoch überragt sie der Mann. Sein Gesicht ist heller, arglos sein Blick. Er schaut auf eine lichtere Zukunft. Dort aber, wo ihre Schultern sich berühren, ist Niemandsland. Welche Sprache werden sie sprechen? Lang schon, zu lang lebt sie nahe am Schattenreich. Sein Fuß hingegen berührt festen Boden. Ihre Münder sind geschlossen, wohin hat sich ihr Lächeln zurückgezogen?

Imma steht ganz nah am Sandsteingitter, das den Chor vom Kirchenschiff abtrennt. Sie liebt es, dort vorn zu stehen, sie hat dann das Gefühl, über den Häuptern der Gläubigen zu schweben. Der Chorleiter, ein zurückhaltender, ernster Mann, der äußerst sparsam mit Worten umgeht, hatte sie nach der letzten Probe kurz beiseite genommen und sich mit anerkennenden Worten über ihre solistische Leistung beim letzten Hochamt geäußert.

Imma war überrascht und glücklich über das unerwartete Lob. Erst kürzlich hatte der Chorleiter allen mitgeteilt, dass sie sich auf ein besonderes Wagnis einlassen würden, um für die Christmette geistliche Lieder von Bach einzustudieren. Imma, noch überglücklich über das Lob des Chorleiters, dachte: Wenn er wüsste, dass ich auch dann noch gerne singen würde, wenn ich dafür einen ganzen Tag hart arbeiten müsste! Sie liebte dieses Gefühl, sich wie in einen Fluss zu begeben, ihre eigene Stimme mit den anderen Stimmen zu einem gewaltigen, vorwärtstreibenden Strom zu vereinen, gebändigt allein durch die sparsame Gesten des Chorleiters.

An den hohen Feiertagen sangen sie nicht nur die einfachen Kirchenlieder, an Weihnachten und Ostern studierten sie eine Messe ein. An Werke von großen Musikern, an Mozart und Schubert, wagte sich der Chorleiter heran und trieb damit dem dürren Dorfschullehrer, der die Orgel spielte, Schweißperlen auf die blasse Stirn. Mit unermüdlicher Präzision feilte der Chorleiter an ihrer Stimmführung und an der Aussprache. Die Chormitglieder, Leute aus dem Dorf wie Imma, sprachen einen breiten, schläfrig klingenden Dialekt. Diesen und weitere Unarten bemühte er sich ihnen auszutreiben, beharrlich, ernst, konzentriert und mit Erfolg, wie man hörte. Der Pfarrer war stolz auf seinen Kirchenchor, und Imma war glücklich.

Es war noch nicht lang her, da begegnete der Pfarrer der Mutter am Kirchplatz, wie diese ihr später berichtete, räusperte er sich bedeutungsvoll und meinte dann:

»Ihre Imma hat eine wunderbare warme und kräftige Altstimme, sie ist eine Zierde für unseren Kirchenchor, aber sagen Sie es ihr nicht, sie soll nicht eitel werden!«

Die Mutter kam mit geröteten Wangen und strahlenden Augen, wie ein junges Mädchen, zu ihr und konnte nicht an sich halten, brühwarm und voller Stolz berichtete sie der Tochter.

Imma lächelte verstohlen in sich hinein und folgte mit ihren Blicken dem Sonnenstrahl, der seitlich durch das hohe Fenster fiel, Staubpartikel tanzten in der hellen Lichtbahn, die sich deutlich vom dunkleren Kirchenschiff abhob. Imma dachte an das große Bild über dem Seitenaltar, die Bekehrung des Saulus, auch dort traf so ein Lichtstrahl das verzerrte Gesicht des Saulus und wandelte ihn zum Paulus. Eigentlich mochte sie dieses Bild überhaupt nicht, die verkrampfte Haltung des Saulus passte so gar nicht zu seiner verschwenderischen und sündigen Lebensführung, er lag so würdelos im Staub, aber den Lichtstrahl liebte sie, das Licht der Erkenntnis, wie es der Herr Pfarrer bezeichnete.

Sie warf einen raschen Blick zum Chorleiter, er hatte von ihren Träumereien nichts bemerkt. Nun kam der Part des Tenors, dieser war das Sorgenkind des Chorleiters. Die dünne Stimme bewältigte den Part nur mit der Kopfstimme, aber das hörte sich in Immas Ohren irgendwie kläglich an, unmännlich, wenn sie sich auch solch hochfahrendes Urteil verbat. Der Stolz war eine Todsünde, das hatte der Herr Pfarrer bei der letzten Beichte gesagt. Aber den sündigen Gedanken den Kampf anzusagen, hatte der Herr Pfarrer gesagt, dafür braucht es Mut und Stärke.

Ihr Blick schweifte über die Häupter der Kirchengemeinde, auf der rechten, der Frauenseite, blickte sie auf helle, gerade gezogene Scheitel, die das Haar teilten, bei den Jungen zu Zöpfen gebändigt, bei den Älteren zusammengenommen zu strengen Knoten. Aber Imma hatte bei ihrem Vetter in einer Zeitschrift gesehen, dass es Frauen gab, die nun ihr Haar kurz trugen wie Männer. Undenkbar, dachte sie, so dürfte keine diese Kirche betreten. Sie warf einen kurzen Blick auf die Männerseite, sie wusste ungefähr, in welcher Kirchenbank der Lenz und sein Bruder Rudi zu finden waren. Ihr Herz schlug schneller, sofort schaute sie wieder weg, schämte sich, warf einen raschen, prüfenden Blick zum Chorleiter. Dieser hatte anscheinend nichts bemerkt von ihrer Unaufmerksamkeit. Bald kam wieder der Einsatz des gesamten Chores, Imma schwenkte mit allen Sinnen wieder zurück zur Empore, atmete zusammen mit den übrigen Chormitgliedern tief ein und wartete konzentriert auf den Einsatz zum 'Te deum'. Sie hatte es noch im Ohr, wie Lenz auflachte und meinte:

»Immale, klein bist, schaust mit der Nasenspitze kaum übers Chorgeländer, aber singen kannst wie ein Engel, der Herrgott wird eine Freude mit dir haben! Und ich erst, ein Mädchen mit einer solchen Stimme kann alles von mir verlangen!"

Dabei schaute er sie bedeutungsvoll an, fasste sie selbstbewusst um die Mitte und steuerte zielsicher den Tanzboden an. Das war zum Erntedankfest im September gewesen. Seither kam er jeden Sonntag am Nachmittag zu Besuch. Es war kein Zweifel, Lenz war verliebt und Imma war es auch.

Immas einziger Bruder Otto neckte sie und meinte, Imma hätte höchste Zeit, unter die Haube zu kommen, ihr Alter erstrecke sich ja schon über zwei Jahrhunderte. Er hatte Recht, acht Jahre vom alten Jahrhundert und zehn Jahre vom neuen, es wurde allmählich Zeit, dass sie ans Heiraten dachte. Imma mochte ihren draufgängerischen, eigenwilligen älteren Bruder, und ein wenig war sie auch eifersüchtig auf seine unangefochtene Stellung als einziger Sohn und, so war es in den Bauernfamilien, Alleinerbe des Besitzes. Sie würde zur Hochzeit von ihrem Patenonkel eine schöne Aussteuer bekommen, Möbel, Geschirr und Wäsche, wie eine Bürgerstochter aus gutem Hause, aber der elterliche Besitz ging auf den ältesten Sohn über.

Imma war sorglos aufgewachsen, reich war im Dorf nur der Baron, der etwas außerhalb im Schloss wohnte. Dann gab es die Bauern, die mit Haus, Vieh und Feldern über eine gesicherte Existenz verfügten. Dazu gehörte auch ihr Elternhaus, ein stattliches, zweistöckiges Gebäude im Dorfzentrum.

Außerdem waren da noch die vielen Tagelöhner-Familien, die kein eigenes Dach über dem Kopf hatten und bloße Not litten. Sie gestand es sich nicht wirklich ein, aber es ängstigte sie schon ein wenig, wenn sie daran dachte, dass Lenz für den Bau ihres zukünftigen Heimes bei der Bank in der Stadt einen Kredit hatte aufnehmen müssen, weil sich mit dem Verkauf eines Feldes nicht einmal die Hälfte der anfallenden Baukosten würden decken lassen.

Lenz hatte beschlossen, ein wenig außerhalb des Dorfkerns ein neues Haus zu errichten, mitten in den Maisfeldern und den bescheidenen Weingärten.

Jeden Sonntag bei schönem Wetter führte Imma ihr Spaziergang vorbei an der vor wenigen Jahren neu errichteten Volksschule, sie bewunderte die schönen breiten Treppenstufen aus dem rosafarbenen Veroneser Marmor, für die Kaiserschule war dieser dem kleinen Ort durchaus eine Extraausgabe wert. Im ganzen Land waren zum Thronjubiläum des Kaisers mehrere solcher Schulen errichtet worden. Die hohen Herren im fernen Wien wollten dafür sorgen, dass Wissen und Gelehrsamkeit unter einem würdigen Dach auch draußen in der tiefsten Provinz an die dumpfen Köpfe der Untertanen weiter gegeben wurden.

Die Baustelle ihres zukünftigen Hauses war natürlich viel bescheidener. Im Erdgeschoss waren die Nutzräume vorgesehen, die Kammer für die Maiskolben, wo die Körner von den Kolben geschabt würden, auch ein Stall für das Vieh war geplant, und neben dem Wohnhaus sollte auch noch eine große Scheune gebaut werden, in der Leiterwagen und Gerätschaften und darüber das Heu für die Tiere untergebracht würden. Zu den Wohnräumen im ersten Stock würde eine Treppe mit einem einfachen Geländer aus einem Eisenrahmen mit Holzlatten führen, aber die Stufen der Treppe würden auch aus dem rötlichen Veroneser Marmor sein, nicht poliert und glänzend wie die im Schulgebäude, aber sie würden doch auch jenen warmen Farbton haben, den die Berge bei Sonnenuntergang annahmen, dieses warme Rot, das Imma so sehr mochte, weil es ihr immer als Trost erschien, dieses Aufleuchten der Berge ringsum, bevor die Dunkelheit sich über das Land senkte. Die Treppe und die Bodenfliesen für den langen Gang, große, elfenbeinfarbene Quadrate mit einem rötlichen Girlandenmuster, hatte Lenz ausgesucht, das sei modern, es solle sie freuen, meinte er. Imma war glücklich, sie würden sich höchstens eine Dienstmagd leisten können, da war ein gefliester Gang Gold wert, der musste nicht so mühsam geschrubbt werden wie die Holzböden in den Zimmern. Das würde nicht nur hell und freundlich aussehen, sondern auch eine Menge Arbeit sparen. Und Lenz würde ein guter Ehemann werden, er war ruhig und liebevoll, einer, der gründlich nachdachte, bevor er Entscheidungen traf.

Sein Bruder Rudi war da ganz anders. Eigentlich war es ja er, der bei jenem Erntedankfest Imma um den ersten Tanz gebeten hatte. Rudi, der mit offenem Hemdkragen und erhitztem Gesicht dermaßen verwegen und mit entwaffnender Fröhlichkeit auf sie zugesteuert war und ohne Scheu um den ersten Tanz gebeten hatte. Wie hatte er sie ausgelassen herumgewirbelt! Mit weichen Knien sank sie nach dem Tanz auf die hölzerne Bank und fühlte sich nicht nur schwindlig, sie war von Rudis ungestümer Art auch ganz verwirrt.

Lenz holte sie später mit seiner freundlich ruhigen Art aus diesem seltsamen Zustand fiebriger Betäubung. Sie war froh darum, wusste sich bei Lenz auf der sicheren Seite. Sie wusste nicht, ob es zwischen den Brüdern so etwas wie eine Absprache gegeben hatte, jedenfalls blieb nach diesem Erntedankfest Rudi im Hintergrund, Imma hatte sich entschieden. Eigentlich war es Lenz, der entschieden hat, dachte Imma, aber sie sprach es nicht aus.

Nach jenem Fest meinte ihr Bruder Otto lachend:

»Na, wie hast du das geschafft, gleich beiden Brüdern den Kopf zu verdrehen?«

Imma zischte mit hochrotem Kopf:

»Hör auf, red keinen Unsinn, Vater würde dich nur falsch verstehen!«

Otto ließ von den Sticheleien auch rasch ab, war es doch schließlich Lenz, der nun regelmäßig im Haus auftauchte und keinen Zweifel an seinen Absichten aufkommen ließ.

Ihr Bruder Otto, der strahlende Mittelpunkt der Familie, der einzige Sohn, von den Eltern auf ein Podest gestellt, auch von Imma selbst verehrt, Otto führte ein unbeschwertes Leben.

»Ja, unser Otto lässt sich vor keinen Karren spannen, das überlässt er anderen Ochsen!«

Imma beneidete ihren Bruder, dem die Eltern so viel Freiheit zugestanden. Er verhielt sich so, als wäre er im Dorf und auch bei den Eltern nur für ungewisse Zeit zu Besuch.

Für die Bauern im Dorf war der Alltag von den Erfordernissen der Landwirtschaft bestimmt. Der Ablauf der Tage war gleichförmig, das Vieh musste versorgt, die Äcker und Felder mussten bestellt werden. Diese dumpfe Gleichförmigkeit verabscheute Otto aus tiefstem Herzen.

Wenige Menschen im Dorf lebten nicht von der Landwirtschaft. Immas Vetter zum Beispiel war Kaufmann, am Hauptplatz war sein Laden, dort gab es alles, was man so zum Leben brauchte. Dieser Vetter musste immer wieder in die nächste Stadt, um seine Vorräte aufzustocken. Imma war dann ganz begierig, von ihm erzählt zu bekommen, was er in der Stadt erlebt hatte, sich das Geschirr oder so seltsame Dinge anzusehen wie Landschaftsbilder, die sie bislang noch in keiner Stube gesehen hatte. Daheim, neben dem Herrgottswinkel gab es höchstens Heiligenbilder, die das dunkle Holz der Täfelung der Stuben schmückten.

»Landschaftsbilder«, meinte die Mutter kopfschüttelnd, »schau aus dem Fenster, da siehst du Landschaft genug, die muss nicht in einen braunen Rahmen gepresst werden«

Aber so ein Landschaftsbild wünschte sich Imma für ihre zukünftige Stube. Ihr Bruder Otto meinte, es wäre gut, wenn Imma sich getrauen würde, die ausgetretenen Pfade zu verlassen.

»Ich jedenfalls lass mich von niemanden in Ketten legen und lass mir auch so schnell keinen Nasenring verpassen«, meinte er lachend, »wir haben schon genug Ochsen im Dorf!«

Ihr Bruder Otto begleitete auch gelegentlich ihren Vetter in die Stadt, später erzählt er Imma, wie es auf den Auktionen zuging, auf denen sich der Vetter immer wieder mit Geschirr, Tischwäsche manchmal auch mit kleineren Möbeln eindeckte, die man für günstiges Geld dann bei ihm kaufen konnte. Eines dieser Möbelstücke hatte es Imma angetan. Der Vetter nannte es Sekretär. Ein zierliches Tischchen aus Nussholz, der rückwärtige erhöhte Teil mit jeweils drei Schubladen, in der Mitte war Platz ausgespart für Tintenfass und Briefpapier. Man konnte die Tischplatte ausklappen als bequeme Schreibfläche. Der Vetter meinte lachend, an diesem Sekretär hätten noble Damen sündige Briefe an ihre Liebhaber geschrieben.

»Imma, warum bist du so versessen auf dieses Möbelstück, deinem Lenz brauchst du keine Briefe zu schreiben, der nimmt lieber dich in den Arm als einen Brief zur Hand!«

Aber man würde ja sehen, vielleicht bekäme sie den Sekretär als Hochzeitgeschenk...

Imma beißt sich auf die Unterlippe, warum schweift sie heute andauernd mit den Gedanken ab? Sie senkt beschämt den Blick und spürt, wie ihr die Röte in die Wangen schießt, als der vorwurfsvolle Blick des Chorleiters sie trifft.

Jetzt ist Imma dabei, den Tisch zu decken, an gewöhnlichen Wochentagen essen sie in der Küche. Sie sind eine kleine Familie, die Eltern, der Bruder Otto und sie, dann gibt es noch den Knecht und die Magd und den Tagelöhner, der im Frühjahr beim Pflügen mit anpackt. Aber sieben Personen an einem Tisch sind im Vergleich zu anderen Familien wenig, doppelt so viele Menschen an einem Tisch waren die Regel.

Es ist bekannt, im Hause R. gibt es immer reichlich zu essen, das betonen alle Dienstboten, das ist nicht bei jedem Bauern selbstverständlich. Aber Imma denkt, während sie die einfachen schweren Porzellanteller auf dem grau geschrubbten Küchentisch verteilt, dass bei ihnen auch sonst die Mahlzeiten anders verlaufen als in den anderen Bauernhäusern. Der Vater ist ein ruhiger, bescheidener Mann, der kein überflüssiges Wort verliert, aber mit ein paar witzigen und aufmunternden Worten andere zum Reden bringt. Andernorts führt der Bauer das Wort, bei ihnen ist es Otto, ihr Bruder, der immer etwas zu erzählen hat. Überhaupt wird bei ihnen daheim mehr geredet, Imma wunderte sich oft, wie einsilbig es im Haus ihrer Freundin Marie zugeht. Ein kurzes Gebet zu Beginn des Essens und dann nicht viel mehr als das Klappern der Löffel, Imma fühlt sich unbehaglich in so einer schweigenden Runde. Ihre Eltern hingegen haben sich einen jugendlichen, spitzbübischen Humor bewahrt, sie mögen es, wenn die jungen Leute erzählen und es bei Tisch munter zugeht.

Mit Otto war es nie langweilig, er interessierte sich auch für alles, was nicht mit Acker und Vieh zu tun hatte. Mit dem

Lehrer und dem Pfarrer vertiefte er sich in die Kunstgeschichte, seit in der kleinen Kirche am Friedhof außerhalb des Ortes Fresken entdeckt worden waren, sogar Professoren aus der Stadt waren gekommen, um die Freilegung anzuleiten. Seither wälzte Oto dicke Bücher, die er sich beim Pfarrer ausgeliehen hatte, und mehrmals in der Woche schaute er in der kleinen Kirche vorbei, um zu sehen, wie der Künstler aus der Stadt vorsichtig mit der Spachtel Zentimeter um Zentimeter dieser alten Wandmalerei freilegte. Begeistert und bis ins kleinste Detail erzählte Otto, worüber sie sich unterhalten hatten. Der Künstler habe erwähnt, dass er einige Kirchen im Umkreis und auch einige Ansitze, von denen man wusste, dass sie alte Wandmalereien bargen, besuchen wolle. Er würde aus Vergleichen Schlüsse ziehen, aus welcher Zeit und von welchem Maler die Darstellungen stammten. Otto bot sich an, ihn zu begleiten. Die Eltern hatten nichts dagegen.

Imma fühlte Neid aufsteigen. Ihrem Bruder fiel es gar nicht ein, zu fragen, ob er denn den fremden Künstler aus der Stadt begleiten dürfe. Während er voller Begeisterung erzählte, erwähnte er fast nebenbei, dass er in den nächsten beiden Wochen viel außer Haus sein werde. Der Vater meinte nur lakonisch, dann werde er dem Luis sagen, dass er für weitere zwei Wochen ins Tagwerk kommen solle. Imma schwieg, sie würde niemals zugeben, dass sie eifersüchtig war, weil Otto Freiheiten gewährt wurden, von denen sie nicht einmal zu träumen wagte. Imma war stolz auf ihren Bruder, er war immer gut gelaunt, hatte ein sicheres Auftreten und war häufig der Mittelpunkt der Gesellschaft. Wenn Imma mit ihrem Bruder unterwegs war, sah sie sich plötzlich umringt von Mädchen, die nichts anderes im Sinn hatten, als dem Bruder über die Schwester unverfänglich näher zu kommen. Und Imma mitten drin, ein wenig stolz, aber auch ein wenig gekränkt über so viel geheucheltes Interesse. Zum Glück hielt sich Imma nie lang damit auf nachzugrübeln, sie ließ sich einfach in dieses fröhliche Geschnatter fallen und genoss die sorglose Stunde.

Imma stand in der kühlen Diele des Elternhauses, im Rücken das Fenster, das nach Süden ging, aber dessen Licht nur bis zu Hälfte des breiten Ganges reichte, der rückwärtige Teil zum Treppenaufgang hin lag im Dunkeln. Von diesem Gang aus führten die Türen zu den verschiedenen Räumen, der Küche, der Stube und den Schlafzimmern. Die meisten Häuser im Dorf waren so gebaut, zu ebener Erde waren die Vorratskammern, die Nutzräume, oft auch der Stall, im Stock darüber die Wohnräume.

Diese geräumigen Dielen waren meist mit großen, unregelmäßigen Schieferplatten ausgelegt, die weiß gekalkten Wände und der dunkle, schiefergraue Boden wirkten düster. Neben dem Treppenaufgang stand eine dunkle Truhe, auf der anderen Seite neben der Tür zur Schlafkammer der Eltern stand ein breiter zweiflügliger Schrank, ihr Hochzeitschrank. Ein besonderes Stück, wie die Mutter sagte, und nicht aus zweiter Hand, von ihrem Vetter erworben, sondern eine Anfertigung des Dorftischlers nach einer Zeichnung des Bruders Otto. Er war aus schwerem, dunklem Nussholz, die Türen waren so gearbeitet, dass der Türflügel, der sich über den anderen legt, statt einer geraden Linie eine Wellenlinie andeutete, zwei Bänder, die sich ineinander verschlungen emporrankten. An den Enden der Bänder tanzten die Anfangsbuchstaben ihres Namens.

Otto suchte mit dem Tischler auch das helle Eschenholz für diese auffällige Zierleiste aus, die als Relief eine Farblasur in Rot und Grün erhielt. Dieses selbstbewusst wirkende Möbelstück beherrschte den ganzen Raum, es kam kein Besucher daran vorbei, der nicht einen Kommentar dazu abgegeben hätte. Imma dachte, es ist wie so oft mit Otto, er setzt sich in Szene, obwohl es eigentlich um mich und meine Hochzeit geht. Dennoch schaute sie mit Stolz auf den Schrank, den sie bis oben hin mit Bettwäsche, Tischtüchern und Vorhängen gefüllt wusste, alles aus starkem, handgewebtem Leinen. Alle Leintücher und Kissenbezüge waren mit ihrem Monogramm versehen, ihre Beschäftigung an den Herbst- und Winterabenden, über dem Stickrahmen ließ es sich so schön träumen.

Imma hatte die große Emailschüssel mit kaltem Wasser und Essig gefüllt. Alle ein bis zwei Minuten tauchte sie Leinenstreifen in das Essigwasser-Gemisch und wickelte sie ihrem kranken Sohn um Waden und Stirn. Der Doktor hatte gesagt, sie solle zusehen, dass das Fieber sinke, anderes könne er im Moment noch nicht sagen.

Imma war verzweifelt. Sie starrte mit ängstlicher Miene auf das fiebergerötete Gesicht ihres Erstgeborenen. Nun stöhnte er wenigstens, noch vor einer halben Stunde hatte er sich nicht einmal gerührt und kein sichtbares Lebenszeichen von sich gegeben. Imma betete, lautlos bewegte sie die Lippen, immer wieder die Bitte wiederholend:

„Vater im Himmel, Schöpfer des Himmels und der Erde, halte deine schützende Hand über ihn, lass ihn am Leben!"

Imma schießt der sinnlose Gedanke durch den Kopf, mit Gott einen Handel abzuschließen. Mein Leben gegen seines, das kann ich ihm nicht anbieten, was für ein Leben wäre es für meine beiden Söhne, ohne die Mutter! Lenz an der Front. Auch ihn soll Gott am Leben erhalten, meinen geliebten Mann! Was hätte sie noch, das ihr lieb und kostbar war, als ein Faustpfand für einen Handel mit Gott? Imma kommt zum Schluss, dass sie nur auf Gottes Barmherzigkeit vertrauen könne, zu einem Handel mit Gott würde es nicht kommen.

Sie denkt daran, wie kurz die Zeit des Glücks gedauert hatte, zwei Jahre waren Lenz und sie verheiratet gewesen, dann war der Krieg ausgebrochen. Zwei Jahre an der Front, seinen Zweitgeborenen hat er noch gar nicht gesehen, der ist erst ein halbes Jahr nach seinem Einrücken auf die Welt gekommen. Wieder wimmert der Kleine, sie beeilt sich, die Essigwickel zu wechseln, leise flüstert sie beruhigende Worte. Sie weiß, er hört sie nicht, die Augen sind fest geschlossen, seine Locken kleben schweißnass am Kopf, und dennoch, ihr Flüstern ist eine Beschwörung.

Ihr Erstgeborener, ihr Augapfel! Das Foto, das Imma beim Fotografen in der Stadt in Auftrag gegeben hat, um es ihrem Mann Lenz an die Front zu schicken, fällt ihr ein. Sie hatte es erst vergangenen Monat zusammen mit ihrem Brief an Lenz geschickt. Sie war so stolz und glücklich. Ihr Ältester stand kerzengerade auf einem kleinen Schemel, angetan mit dem besten weißen Kleid und mit den schwarzen Schnürstiefelchen. Er hatte voller Stolz die Leine von Treff, dem großen deutschen Vorstehhund, gehalten, der wie eine Statue neben ihrem Jungen regungslos in die Kamera blickte. Treff war ein Geschenk von Otto und gehörte praktisch zur Familie. Das Tier liebte die Kinder, Viktor und Treff waren unzertrennlich.

Vorsichtig löst Imma Viktors kleine Hand aus dem Gewirr seiner Locken, immer wieder krallen sich die kleinen Hände in die langen Locken und zerren mit unbändiger Kraft daran. Imma hat schon die dunklen Kringel vom Kissen gepflückt, sie weint, weil sie weiß, er musste rasende Kopfschmerzen haben, und sie konnte ihn nicht davor schützen.

Das Foto, Imma weiß schon, wie die Antwort von Lenz ausfallen wird, er wird sich bedanken, von seiner Freude sprechen, dann aber wird er sie daran erinnern, dass dem Jungen nun Hosen zustünden, dass die Zeit der Locken und Kleider vorbei sei.

Dieses weiße Kleid, das ihr Sohn natürlich im Alltag nicht trägt, ist für Imma das Sinnbild eines behüteten, wohlgeordneten Lebens. Aber die Ordnung ist längst auf den Kopf gestellt, Imma fühlt sich ängstlich, ausgesetzt in der düsteren Welt des Krieges. Die Lebensmittelrationen sind knapp bemessen, der Buchstabe Z als Letzter im Alphabet ist ein Fluch, es heißt immer öfter, tut uns leid, Frau Z, wir haben kein Weizenmehl mehr, etwas Roggenmehl gäbe es noch.

Sie hat zum Glück ihre Eltern, die sie nach Kräften unterstützen, aber auch Bruder Otto ist an der Front, und der Vater hat Mühe, die Felder allein zu bestellen, da es auch kaum Taglöhner gibt, ihn zu unterstützen, alle sind an der Front. Zudem müssen die Bauern einen hohen Anteil ihrer Erzeugnisse abliefern, und was ihnen bleibt, wird immer knapper.

Imma spürt, wie die Müdigkeit und der Schlafmangel sie zu überwältigen drohen, sie muss wach bleiben und in regelmäßigen Abständen die Essigwickel wechseln, sonst würde das Fieber nicht sinken. Sie steht kurz auf, öffnet das Fenster und streckt ihren Kopf hinaus in die kalte Februarluft, das würde zumindest kurzzeitig helfen, das bleierne Gewicht von ihren Lidern zu nehmen.

Imma hört durch das geöffnete Küchenfenster das helle Lachen ihres Erstgeborenen. Rasch tritt sie auf den Balkon hinaus und beobachtet, Viktor wie er mit Treff, dem großen, gutmütigen und kinderlieben Hund, spielt. Er hält einen Strick in den Händen und wedelt damit vor der Hundeschnauze herum und ruft:

»Treff, zieh!«

Mit drolligen Rückwärtsbewegungen tapst der Hund durch den Hof, im Maul den Strick, an dem sich der Junge mit beiden Händen festhält. Viktor schüttet sich vor Lachen aus, was den Hund noch mehr anfeuert, an dem Strick zu zerren.

Imma stimmt selbst in das Lachen ein, es ist ein fröhliches Schauspiel. Sie denkt daran, dass vor weniger als einem halben Jahr ihr Sohn krank und wimmernd im Bett lag, der Doktor hatte ihn fast schon aufgegeben. Sie denkt an die langen Nächte, in denen sie an seinem Bett gewacht hat, betend und auch hadernd mit Gott.

Nun ist er wieder gesund und sogar ein gewaltiges Stück in die Höhe geschossen. Imma kann dem fast Vierjährigen nun schon kleine Aufgaben übertragen: Klee und Gras soll er pflücken für die Kaninchen, die in den Verschlägen an der Südwand des Stalles gehalten werden, als Fleischvorrat für die Familie. Sie ruft ihn kurz, um ihn an seine Pflicht zu erinnern, er schaut auf, mit blitzenden Augen und mit vom Spiel geröteten Wangen.

»Mutter, weißt du, Treff soll mir ja helfen, den Korb mit dem Gras zu tragen, aber jetzt will er lieber spielen!«

Der Junge hat immer eine pfiffige Antwort parat, Imma kann sich darüber amüsieren. Viktor hat viele Ähnlichkeiten mit ihrem Bruder Otto, das fällt ihr immer mehr auf, je selbstständiger der Junge wird. Selbstbewusst und fröhlich geht er auf Menschen zu, lässt sich nicht ins Bockshorn jagen. Die Unbekümmertheit, mit der der Bub durchs Leben gehen wird, hat ihm sein Pate Otto in die Wiege gelegt, denkt Imma, während sie vergnügt zurück in die Küche geht. Lorenz, ihr Zweitgeborener, hockt verdrießlich am Boden hinter dem hölzernen Laufgitter und brabbelt weinerlich »Vico, Vico ...«

Das Kind ist noch unsicher auf den Beinen, noch muss es in ihrer Obhut bleiben, auch wenn Viktor immer wieder nachfragt, wann endlich Lorenz groß genug sei, mit ihm und Treff im Hof zu spielen.

Imma hat wie jeden Tag die weiße Tagesdecke über dem Ehebett glattgezogen, es ist ja nur ihre Bettseite benutzt, aber sie achtet darauf, dass immer beide Betten bezogen sind, wie um den Schein zu wahren für einen Alltag in Friedenszeiten. Ihr Mann könnte jederzeit heimkommen, seine Bettseite ist dafür bereit.

Nachdem die Betten gemacht sind und sie den weißen Porzellankrug am Waschtisch mit frischem Wasser gefüllt hat, gehört es zu den gewohnten Handgriffen in der warmen Jahreszeit, die hölzernen Läden zu schließen, damit die Sonne am Nachmittag das Zimmer nicht unangenehm aufheizen würde. Imma muss sich weit nach außen lehnen, um die Fensterläden aus ihren Halterungen zu lösen, dabei fällt ihr Blick auf die andere Talseite. Trotz angestrengten Schauens kann sie eigentlich nicht viel erkennen, aber sie weiß, man hat mit dem Bau einer Eisenbahn begonnen.

Die Leute im Dorf sagen, dass vor einem halben Jahr Ingenieure aus Wien im Nachbardorf gewesen seien, die den Bau einer Bahn angekündigt hätten. Der Materialnachschub zur Frontlinie in den Bergen sei sonst nicht mehr zu bewerkstelligen. Imma wirft noch einmal einen Blick auf die andere Talseite. Während sie die Fensterläden schließt, träumt sie davon, dass der Krieg vorbei sei. Wir werden wir mit den Kindern mit dieser Bahn vielleicht einmal in die Berge fahren, im Rucksack frisches Brot, Äpfel als Wegzehrung, keine Sorgen, nur Freude…

Es heißt, die Bahn werde von Kriegsgefangenen erbaut, die armen Teufel müssten bei schmalen Essensrationen

Schwerstarbeit leisten, Felsen sprengen und in Rekordzeit die Bahntrasse in die steilen Hänge treiben.

Seit einem Monat hat Immas Vater einen russischen Kriegsgefangenen als Arbeitskraft zugeteilt bekommen. Ivan spricht nur Russisch, lediglich wenige Worte Deutsch. Er hat sich beim Bahnbau das rechte Bein gebrochen, der Bruch ist unsachgemäß behandelt worden. Iwan hinkt und hat Schmerzen, aber er ist noch jung und würde dem Vater doch ein wenig helfen können. Wenn Iwan bis in den späten Herbst hinein bleiben dürfte, so wären die Maisernte und die Weinlese wohl gesichert.

»Dafür werden wir aber auch einen großen Teil der Ernte für den Unterhalt des Heeres abgeben müssen«, meint Immas Vater. Aber vorerst ist er einfach nur erleichtert, ein wenig Unterstützung bekommen zu haben: »Stell dir vor!« sagt er lachend: »Wir haben den gleichen Vornahmen, Iwan heißt Johann!«

Die beiden verständigen sich auf eine simple Art, Iwan verhält sich dem Vater gegenüber respektvoll und freundlich. In seinem Leben, meint Iwan, seien diese neun Monate bei weitem nicht die schlechtesten gewesen.

Imma sitzt müde am Küchentisch, gebeugt, mit auf dem Tisch verschränkten Armen, sie ist zu müde aufzustehen, zu müde, sich ein Stück Brot aus der Brotlade zu holen und den dünnen Malzkaffee warm zu machen, so wie sie es sonst am Abend macht, wenn die Kinder endlich im Bett liegen.

»Es ist für uns alle eine schwere Zeit!« versucht Imma sich selbst zu trösten. »Ich muss durchhalten, den Kindern und Lenz zuliebe.«

Imma fühlt sich von der Bürde der Verantwortung fast erdrückt, sie ist auf sich gestellt, das Maisfeld und den Kartoffelacker so zu bestellen, dass die Ernte beiträgt, das Leben ihrer Familie zu sichern. Sie leiden keinen Hunger, anders als die Menschen in der Stadt, aber es ist äußerst mühsam, dem Boden einen Ernteertrag abzuringen. Die kleine Magd, die ihr dabei hilft, mit der Hacke den Boden aufzubrechen und später das Unkraut zu jäten, ist jung und guten Willens, aber einfach viel zu schwach für die schwere Feldarbeit. Im Haus müssen zudem die Kuh und die Hühner versorgt werden, Imma ist auf die Hilfe ihres Vaters angewiesen, so viel Heu zu ernten, damit das Tier über den Winter kommt.

Sie will ihre alten Eltern nicht zu sehr belasten, die haben ja selbst Mühe, so viel zu produzieren, dass nach erfolgter Abgabe für die Versorgung des Heeres und der Bevölkerung in den Städten für sie selbst noch ausreichend Nahrungsmittel vorhanden sind.

»Ich will nicht klagen, wenn Lenz nur heil nach Hause kommt!«

Mit einem Seufzer erhebt sie sich, das Essen würde sie sich heute sparen. Sie tappt über den dunkeln Gang, öffnet leise die Tür zur Schlafkammer der Buben und stellt mit einem Lächeln fest, dass Lorenz sich wie so oft zu Viktor ins Bett gelegt hat, um ganz nah beim großen Bruder sein zu können und sich sicher und geborgen zu fühlen. Imma beschließt ihn nicht in sein Bett zurückzutragen, sie ist zu müde dazu. Sie schließt leise die Tür und geht in ihr Zimmer, wäscht sich den klebrigen Schweiß vom Oberkörper, schlüpft in ihr Nachthemd, öffnet Fensterläden und Fenster und kippt mit einer raschen Bewegung den Inhalt der Waschschüssel hinaus in den Hof. Um diese Jahreszeit im Spätsommer lässt sie die Jalousien und die Fenster weit offen, um beim ersten Morgengrauen vom Vogelgezwitscher im Feigenbaum geweckt zu werden.

Imma ruht auf der Bank unter dem Feigenbaum. Es ist Sonntagnachmittag, die Sonne scheint, Imma hält ihr Gesicht in die warmen Strahlen der herbstlichen Sonne. Mit geschlossenen Augen lauscht sie dem Kinderlachen. Nun ist Lorenz endlich groß genug und ein Spielgefährte für Viktor, so wie ihr Erstgeborener es sich gewünscht hatte. Die beiden Buben und Treff, der Hund, sind von früh bis spät auf der Suche nach neuen Abenteuern. Den Vater vermissen die Buben nicht wirklich, Viktor kann sich nicht an ihn erinnern, und Lorenz hat seinen Vater nie gesehen.

Der Krieg ist schon seit Monaten zu Ende, alle Welt hofft auf bessere Zeiten. Imma aber kann diese Hoffnung nicht teilen. Noch bevor der Krieg zu Ende war, hat sie die gefürchtete Nachricht erhalten, Lenz sei gefallen, in Galizien. Ein Mann aus dem Nachbardorf hat sie kurz nach Kriegsende aufgesucht, er hatte mit Lenz in der gleichen Kompanie gedient. Ein graues, ausgemergeltes Gesicht, den rechten Arm in der Schlinge, Schulterdurchschuss, wie er sagt, aber er ist zumindest mit dem Leben davon gekommen! Fast entschuldigt er sich bei Imma, dass er zurückgekommen war aus der Front, er und nicht Lenz. Es wäre gelogen, wenn Imma nicht vor sich selbst zugeben würde, dass dieser Gedanke tatsächlich in ihr war, als dieser Kriegsheimkehrer so unerwartet bei ihr auftauchte. Warum er und nicht Lenz? Er hat keine Frau, keine Kinder, warum er? Wie ungerecht!

Mechanisch nimmt sie entgegen, was ihr der Mann mit seiner zittrigen, linken Hand überreicht, eingebunden in ein weißes Taschentuch mit dem Monogramm von Lenz, sie hatte das Monogramm eigenhändig gestickt, darin eingewickelt der Ehering, die Taschenuhr, Name und Feldnummer in einem blechernen Gehäuse, das silberne Medaillon mit ihrem eigenen Foto und dem von Viktor. Imma schreit nicht, wimmert nicht einmal, sie hat die Todesnachricht ja längst in Form eines amtlichen Schreibens bekommen, hat nachts geweint, die Tage in dumpfer Traurigkeit überstanden, der Kinder wegen musste sie stark sein, sagte sie sich selbst immer wieder vor. Und nun diese wenigen persönlichen Gegenstände von Lenz, den Ring, den sie ihm wahrscheinlich vom kalten Finger genommen haben, diese paar Habseligkeiten im weißen Viereck des Taschentuchs vor ihr auf dem Küchentisch.

Imma vergrub ihr Gesicht in ihren Händen, jetzt schüttelte es sie doch von krampfhaftem Schluchzen. Der Mann stand hilflos mitten in der Küche. Imma verließ den Raum. Als sie erneut zur Tür hereinkam, hatte sie sich so weit gefasst, dass sie ihm ein Glas Wein anbieten konnte und auch ein Stück Gugelhupf, diese einfache Köstlichkeit, die sie jeden Sonntag für ihre Buben zu backen pflegte.

Imma achtet darauf, dass ihr Herzschlag und ihr Atem sich wieder beruhigen würden, bevor sie in den Chor der Betenden einstimmte. Die Strecke von daheim bis zur Bushaltestelle mit dem kleinen Koffer in der Hand hatte sie fast im Laufschritt hinter sich gebracht. Der Sitz im Bus ist bequem, ganz anders als die harten Kirchenbänke.

Ihre erste Fahrt, seit sie nun zum zweiten Mal Witwe geworden ist. Nun hat sie sich also getraut, das schützende Dach ihres Heimes zu verlassen, für eine dreitägige Pilgerreise.

Imma lächelt vor sich hin, schaut kurz in das gerötete Gesicht ihrer Freundin Marie, der Freundin aus Kindertagen. Beide sitzen nun nebeneinander im Bus, die fröhliche Marie mit den kleinen Silberlöckchen, breit, auch noch einen Teil von Immas Sitzplatz beanspruchend, und die kleine, bedeutend schmalere Imma, immer noch mit dunklem Haar, obwohl schon jenseits der siebzig.

Die unternehmungslustige Marie, längst schon Witwe, leidlich gesund, hat gemeint, solche Pilgerreisen seien gut für den Herrgott und gut für uns Menschen.

Marie hat ein besonderes Naheverhältnis zu Gott, schließlich hat sie der Mutter Kirche einen Sohn geschenkt, einer ihrer Söhne ist dem Kapuzinerorden beigetreten. Jener Sohn, der die Pfiffigkeit seiner Mutter geerbt hat, ihr offenes Gesicht mit den hellen, blauen Augen, einer, der mit Schwung und kindlicher Fröhlichkeit auf Menschen zugeht. Sogar sein runder, ausladender Körper gleicht dem seiner Mutter. Ein Kuttenträger aus Überzeugung und Gottesliebe und ein großer Menschenfreund.

Die Nähe zu Marie ist Imma so vertraut wie damals in der Schulbank. Imma hat, nachdem sich ihr Atem vom Laufen und Kofferschleppen beruhigt hat, mühelos in den Singsang der laut Betenden eingestimmt. Nun hat sich Imma versprochen und ungewollt die Zeile aus der Marienlitanei verunstaltet: »Du elfenbeinerner Wurm ...«

Nur nicht hinüberschauen zu Marie, sonst würde sie losprusten, wie damals in der Schule, Imma und Marie, die intelligentesten, aber auch die unbändigsten Mädchen in der Klasse, dem strengen Regiment der Schwester Klara, der allseits gefürchteten Lehrerin ein Schnippchen schlagend.

Marie hat von ihrem Versprecher nichts bemerkt, auch nicht der Pfarrer, der als Vorbeter mit fester Stimme die vertrauten Worte vorspricht. Ein flüchtiger Blick zum Fenster, noch kennt sie die Landschaft, bald schon würden sie sich der Staatsgrenze nähern, dann würde alles neu sein und ungewohnt, dann würde die Konzentration aufs Gebet noch schwieriger werden.

Imma ist ein wenig bang zumute, eine dreitägige Reise, das hat es bisher in ihrem gleichförmigen und arbeitsreichen Leben nicht gegeben. Ihre Kinder und Schwiegerkinder aber haben sie darin bestärkt: So fahr doch, das wird dir gut tun, da kommst du auf andere Gedanken und dabei noch beten, das kann nie schlecht sein.

Mitglied zu werden in der Kaiser-Karl-Gebetsliga, auf diese Idee war Marie gekommen. Der Pfarrer war auch mit von der Partie, eine Fahrt nach Altötting, diesem ehrwürdigen Wallfahrtsort, war auch für Gläubige aus Südtirol ein wichtiges Erlebnis, nicht nur für die Bayern. Nun saß sie also in diesem Bus, mitten in der dreißigköpfigen Pilgergruppe, und war bemüht, sich ganz auf das Gebet zu konzentrieren, so wie sie es auch sonst in der Kirche tat, aber es fiel ihr ungleich schwerer. Immer wieder streifte ihr Blick die vorbeiziehende Landschaft. Immer wieder ertappte sie sich dabei, nach Ortstafeln zu schielen, sich landschaftliche Besonderheiten einzuprägen, eine Flussbiegung, einen seltsam geformten Berg, einen Blick auf die Landkarte werfend, sich zu überlegen, wo sie gerade wären. So geht das nicht, dachte Imma, das ist eine Pilgerfahrt, ich werde die Augen schließen und die Welt aussperren, dann kann ich mich besser in das Gebet versenken.

Während die geschlossenen Augen, der Singsang der Gebete und das gleichmäßige Vibrieren des Motors die Außenwelt von ihr abrücken ließ, trugen ihre Gedanken sie in die Jahre zurück.

Es war das Pflichtgefühl, das ihn bewogen hatte, ihr die Ehe vorzuschlagen, aus Pflichtgefühl den Buben gegenüber hatte sie angenommen.

Er legte sich in das Bett seines Bruders, er verlor kein Wort darüber, und sie wagte es nicht, davon zu sprechen. Vorbei war die Unbeschwertheit der Jugend, der Pfarrer, der sie getraut hatte, schien überzeugt, dass diese Ehe für die beiden das Beste sei. Die Buben sollten ihn Vater nennen, sie taten es auch, aber anfangs gab es ihr einen Stich, es schien ihr wie Verrat ...

Rudi war verändert aus dem Krieg zurückgekehrt, so häufig sah Imma ihn verschlossen, starr in die Ferne blicken, sie wagte es nicht ihn anzusprechen. In solchen Momenten dachte Imma zurück an jenes Erntedankfest, wie draufgängerisch Rudi damals gewesen war, an den geraubten Kuss, an ihr Schwindelgefühl, an ihr Herzklopfen. Der Krieg hat nicht nur tausende Männer getötet, er hat denen, die zurückgekehrt sind, für immer die Seelen getrübt.

Die Jahre mit Rudi verliefen gleichförmig, oft auch freudlos. Er war der ernste, pflichtbewusste Ehemann, der Vater, der keinen Unterschied machte zwischen seinen Kindern und denen seines Bruders, das rechnete Imma ihm hoch an.

In meiner ersten Ehe war ich noch jung, diese große Leidenschaft empfindet man nur einmal, wenn man jung ist und keine Enttäuschungen im Leben erfahren hat, da ist man erfüllt vom Glauben, dass man miteinander alles erreichen kann, dass man die Welt aus den Angeln heben kann.

Als dann in ihrer Ehe mit Rudi jedes Jahr ein weiteres Kind kam, war sie oft so müde und erschöpft und überzeugt, Lenz wäre rücksichtsvoller gewesen, er hätte sie geschont.

Imma sah Rudis zufriedenes Gesicht vor sich, wenn bei den alljährlichen Kindstaufen der Pfarrer sich lobend über die christliche Familie äußerte.

Aber Gott schenkte ihnen nicht nur die Kinder, er nahm sie ihnen auch. Innerhalb weniger Wochen verlor sie das kleine Hannele und den ernsten, sanften Theo. Beide Kinder starben an der Gehirnhautentzündung. Diese furchtbare Krankheit hatte damals vielen Kleinkindern im Dorf den Tod gebracht. Bei der kleinen Hanna stieg das Fieber in ganz kurzer Zeit stark an, wie damals bei Viktor. Ihr Erstgeborener aber war davongekommen, während die kleine Hanna nach drei Tagen verstarb.

Als wenig später auch der achtjährige Theo erkrankte, war Imma schon so erschöpft und verzweifelt, dass sie ihr Schluchzen und Weinen am Krankenbett nicht unter Kontrolle hatte. Theo sah sie mit matten, fieberglänzenden Augen an und flüsterte:

„Nicht weinen, Mama, bitte, es wird schon wieder ..." Doch der Tod kam doch, er kam leise, so wie Theo selbst war, ernst, liebenswürdig und still. Der Junge verlosch langsam, kaum hörbar flüsterte er:

„Mutter, meine Beine sind so kalt, meine Finger spüre ich nicht mehr, Mutter, bete für mich ..."

Und während Imma mit zitternder Stimme Gebete sprach, schloss Theo für immer die Augen.

Der vielstimmige Chor der Pilger leiert die Marienlitanei und Imma wischt sich verstohlen Tränen von den Wangen, Tränen, die ihren toten Kindern gelten und fällt dann in den vertrauten Singsang ein:

»Mutter der göttlichen Gnade, bitte für uns ...«

Eine andere Stimme schaltet sich plötzlich ein:

„Renn du nur in die Kirche mit deinen Betschwestern, aber für deinen Bruder hast du kein gutes Wort!"

Den Klang seiner Stimme hatte Imma im Ohr und auch ihre eigene patzige Antwort:

„Andere beschuldigen ist alles was du kannst! Aber wer alles Gut verprasst hat, sollte am Ende wenigstens mit Worten sparsam umgehen ..."

Sie maßen einander unversöhnlich, schmallippig und kampfbereit. Imma müde und etwas gebeugt, aber heftig an seiner Pfeife ziehend, Otto. Er hatte die fünfzig überschritten, nur noch selten kam er zu Besuch. Sein Patenkind Viktor und dessen Bruder Lorenz waren erwachsen und gingen ihre eigenen Wege, zu den Nachgeborenen hatte Otto keine enge Beziehung mehr aufgebaut, zudem empfing ihn seine Schwester immer barscher und abweisender mit jeder Schauergeschichte über seine ruinöse Lebensweise, die im Dorf süffisant von jedermann breitgetreten wurde.

Er hat sich immer schon so benommen, als wäre er etwas Besseres. Seine Freunde suchte er nicht unter seinesgleichen im Dorf, nein, er pflegte Beziehungen zu einigen wohlhabenden Bürgern in der Stadt und zu einem windigen Herrn Baron, dem das Geld locker in der Tasche saß und der mittlerweile außer einer Wohnung in I. auch nichts mehr besaß.

Otto sprach nie über seine finanzielle Situation. Als die Eltern noch lebten, deuteten sie manchmal mit ein paar Worten ihre Sorge um Otto an. Die Felder hatte er verpachtet, aber die Pacht warf niemals so viel Geld ab, wie Otto für seinen aufwändigen Lebensstil brauchte. Da gab es Jagdaufenthalte in Österreich, sogar nach Jugoslawien auf Damwildjagd fuhr er mit dem Baron.

Die einzige manuelle Arbeit, die Otto verrichtete, waren seine Holzschnitzereien. Er hatte sich im Elternhaus eine Werkstatt eingerichtet. Er schnitzte Wappen für den Baron und große Reliefs für die Riesenfässer. Einige Weinkellereien im Dorf lagerten ihren Wein in sogenannten Prunkfässern, die Otto mit seinen Reliefs ausgestaltete. Er hätte durchaus Verdienstmöglichkeiten gehabt, die Nachfrage war da, für einen bescheidenen Handwerksbetrieb hätte es gereicht. Aber wie in anderen Dingen auch verlor Otto rasch das Interesse, er verschenkte lieber seine Erzeugnisse, als dass er sie verkaufte, und so war auch dieses Kapitel bald geschlossen.

Und dann dieser Wirbel um Hochzeit und Trennung, was für ein Glück, dass zu diesem Zeitpunkt die Eltern nicht mehr lebten! Taufrisch war er nicht mehr, der Bruder, als er Imma wissen ließ, er hätte sich zum Heiraten entschlossen.

Zu diesem Zeitpunkt hatte er sich von einigem Grundbesitz bereits trennen müssen, und die Unbekümmertheit der Jugend hatte er auf den Schlachtfeldern der Dolomitenfront zurückgelassen. Seit dem Tod ihrer Eltern war Imma nie mehr in ihr Elternhaus zurückgekehrt, Otto lebte allein dort. Diese Einsamkeit habe ihn wohl veranlasst, meinte Imma, den Schritt zu wagen und sich nach einer Gefährtin umzusehen.

Seine Wahl fiel auf Katharina A. eine Frau in seinem Alter, die im Dorf zusammen mit einer Teilhaberin einen Gemischtwarenladen betrieb. Die Frau stammte aus einer angesehenen Familie, das Geschäft lief gut, und offensichtlich war Katharina dem Heiratswerber nicht abgeneigt. Katharina hatte bis dahin sehr zurückgezogen gelebt, hatte keine Männerbekanntschaften gehabt und war als Geschäftsfrau, die selbst für ihren Lebensunterhalt sorgte, in den Augen von Otto eine gute Partie. Imma erfuhr von seinen Heiratsplänen erst, als der Aushang bereits an der Kirchentafel hing.

Eines Sonntags tauchte er auf und setzte sich zu ihr in die Küche, während sie für die große Familie das Mittagessen zubereitete. Fast beiläufig erwähnte er die bevorstehende Hochzeit, lud sie und Rudi ein. Aber typisch Otto, er hatte es so eingefädelt, dass die Hochzeit entgegen allen Bräuchen nicht im Dorf stattfinden sollte, sondern in der Stadt im Ausland. Dafür hatte er eine monatelange Odyssee auf sich genommen, bis er alle notwendigen Dokumente für sich und seine zukünftige Ehefrau beisammen hatte, damit ihnen die Eheschließung im Ausland möglich wäre.

Auch daran hatte man sich noch nicht so richtig gewöhnt, dass man nicht mehr zu Österreich gehörte, dass die Stadt I. im Ausland lag.

Er wisse ja, dass sie nicht so ohne weiteres zwei oder drei Tage von zuhause fortbleiben könnten, die Kinder, die Tiere, die versorgt werden müssten, sie würden also bei der Hochzeit nicht dabei sein können. Imma hatte das Gefühl, dass es Otto gar nicht so sehr bedauere, dass Rudi und sie nicht zur Hochzeit kommen könnten. Das Hochzeitgeschenk würde sie also den beiden nach der Hochzeit überreichen, wenn sie wieder zurückgekehrt wären.

Imma hatte sich überlegt, sie würde den beiden das kleine Bild einer Madonna mit Kind geben, das sie vom Vetter geschenkt bekommen hatte. Es stammte von einer Auktion. Der Vetter hatte gemeint, der Maler sei im ganzen Tiroler Raum sehr bekannt, das Bild hätte also auch einen gewissen Wert. Imma jedoch mochte das Bild nicht, das Gesicht der Madonna trug allzu sehr die Züge von Veronika, einer Bürgerstochter aus gutem Hause, die in ihrer herablassenden Art es verstand, alle Leute spüren zu lassen, sie sei etwas Besseres. Im Kirchenchor aber war sie nur eine unter vielen Sängerinnen, die Solostimme sang immer Imma. Dieser Triumph war köstlich, schöner noch als die Anerkennung des Pfarrers für ihren Gesang. Von dem Madonnenbild würde sie sich also leicht trennen und es war doch ein würdiges Hochzeitsgeschenk.

Imma hatte von Otto erfahren, auch das nur nebenbei, dass Katharina nach der Hochzeit nicht zu Otto ziehen würde. Katharina zöge es vor, in der Wohnung neben ihrem Geschäft zu bleiben, diese sei direkt aus dem Geschäft erreichbar. Das sei bequemer für sie, und Otto könne ja bei ihr einziehen. Deshalb müsse er aber sein großes Elternhaus nicht zurücklassen, er könne ja weiterhin einige Räume dort nutzen und einen anderen Teil des Hauses vermieten, man werde sehen. Er müsse schon verstehen, das gutgehende Geschäft werde sie wegen der Ehe nicht aufgeben. Otto war es recht.

Das Gewitter entlud sich mit einer solchen Gewalt, das der Trauerzug beinahe ins Stocken geriet. Jene Vorsichtigen, die auf ihrem Gang zur Kirche vorsorglich einen Schirm mitgenommen hatten, spannten ihn nun hastig auf. Aus den geordneten Viererreihen entstanden schwankende Klumpen schwarz gekleideter Menschen, die sich unter den wenigen Schirmen zusammendrängten.

Imma schritt, wie es Brauch war, als Schwester und engste Angehörige gleich hinter dem Sarg. Sie hatte für diesen Anlass ihr Kostüm aus schwarzem Brokat angezogen, jenes Kleid, das sie vor nunmehr zehn Jahren bei der Beerdigung ihres Mannes Rudi getragen hatte. Die Jacke schlotterte, und den Rock musste sie mit einer Sicherheitsnadel enger stecken, es blieb nicht mehr die Zeit, den Rock enger zu nähen. Sie hatte viel zu spät ihre Trauerkleidung aus dem Schrank geholt.

Imma hatte keinen Schirm dabei. Trotzig reckte sie den Kopf und starrte mit düsterer Miene auf die breiten Rücken der Sargträger, die nun, den Scheitelpunkt der Steigung auf dem Weg zum Friedhof hatten sie gerade erreicht, als die Wolkenschleusen sich öffneten, teils dem Abhang geschuldet und teils dem Regen, immer schneller gingen.

Jetzt trat Gertrud an Immas Seite, mit fürsorglicher Geste hielt die Tochter den Schirm über die Mutter. Den ganzen Beerdigungszug hatte nun ein neues Tempo erfasst. Die Ministranten stolperten vorwärts, um mit den großen Schritten des Pfarrers mithalten zu können. Sein weißer, gestärkter Chorrock troff vor Nässe, zu spät war der Kirchendiener aus dem Trauerzug ausgeschert, um dem an der Spitze des Trauerzuges schreitenden Pfarrer seine Hilfe anzubieten und ihn zu beschirmen.

Bei der Beerdigung von Rudi habe sie das letzte Mal die Hand des Bruders genommen, aber kaum auf seine gemurmelten Beileidsbezeugungen gehört, erinnert sich Imma. Sie spürt bittere Reue. Während sie ohne Unterlass alle Gebete mitspricht, die der Vorbeter mit leiernder Stimme vorträgt, fragt Imma sich, ob Gott ihr diese Härte verzeihen werde. Ihren einzigen Bruder hat sie aus ihrem Leben ausgeschlossen, lang bevor er aus dem Leben schied. Ihre Wege kreuzten sich nicht mehr, es war ein Leichtes, einander auszuweichen.

Nach seiner missglückten Ehe hatte Otto in wenigen Jahren den gesamten Besitz verkauft, ebenso das Elternhaus. Das wurde ihr von mehr oder weniger wohlmeinenden Nachbarn genüsslich zugetragen, mit dem Bruder gesprochen hat Imma nicht mehr. Der Groll hatte ihr den Mund verschlossen. Als Alleinerbe hatte er allen Besitz bekommen, und hatte alles verschleudert. Imma fühlte sich betrogen. Sie hat ihm das nie verzeihen können.

Der Nachbar von gegenüber meint, er habe diesen fürchterlichen Schrei gehört, er sei ihm in die Glieder gefahren, er hätte sofort gedacht, da passiert gerade etwas Furchtbares. Zwischen dem Haus, in dem das Geschäft und die Wohnung untergebracht sind, und dem Haus gegenüber wird die Dorfgasse sehr schmal, da sind ja keine vier Meter Abstand. Er habe das Fenster aufgerissen, und da habe er im gegenüberliegenden geöffneten Fenster Otto gesehen, außer sich, brüllend wie ein verwundeter Stier:

»Ich werfe dich zum Fenster hinaus, du elendes Luder!«

Tatsächlich hatte er Katharinas Oberkörper bereits halb über das Fensterbrett hinausgehoben, man hatte das Gefühl, er werde diese schmale, schreckensstarre Gestalt im nächsten Augenblick in die Tiefe stoßen.

»Halt, Otto, um Gottes Willen!«

Mit seinem eigenen Geschrei und mit wild fuchtelnden Armen war es dem Nachbarn gelungen, Otto für einen Augenblick aus seiner Raserei zu holen. Dieser trat vom Fenster zurück und ließ seine Frau wie einen Kartoffelsack fallen. Ohnmächtig sank sie auf dem Stubenboden zusammen. Als der Nachbar in fliegender Eile, immer zwei Treppenstufen zugleich nehmend, hinuntergesprungen war, durch die Haustür auf die Gasse, da trat ihm Otto bereits entgegen. Weiß wie die Wand war er und so seltsam ruhig, was noch beängstigender war als seine Drohung vorher. Bitter lachte er auf:

»Um Katharina musst du dir keine Sorgen machen, die ist gut versorgt, ihre Freundin kümmert sich um sie, es ist ihr nichts geschehen.«

Der Nachbar habe Otto, ohne lange zu fragen, in sein Haus gelotst. Am Stubentisch sei er lang gesessen, immer wieder ungläubig den Kopf schüttelnd. „Wie konnte ich so blöd sein!“ wiederholte er immer wieder. „Ich hab geglaubt, eine Frau zu heiraten, stattdessen sind diese beiden Weiber miteinander verheiratet!“

Aber wenige Tage nach dem dramatischen Vorfall am Fenster suchte Otto Imma auf. Im Dorf munkelte man von einem Ehestreit, sowas kommt schon vor, wenn es auch ungewöhnlich war, so wenige Wochen nach der Hochzeit. Imma hatte noch gar nichts mitbekommen.

»Imma, verstehst du, Katharina brauchte mich als Alibi! Bei einer verheirateten Frau würde man nicht nachfragen, warum sie Geschäft und Wohnung mit einer anderen Frau teilt. Es war ihr nur recht, wenn ich so viel wie möglich außer Haus war, wenn ich weiterhin einen Teil meiner Zeit im Elternhaus verbrachte. Und im Bett, ja ich bin ja schon still, ich weiß ja, dass du solche Sachen lieber nicht wissen willst. Ich dachte, sie sei schüchtern und unerfahren, sie erfand immer neue Ausreden, und wenn ich mich neben sie legte, war sie starr und abweisend wie ein Brett.«

Als Otto bei ihr in der Küchentür stand, dachte Imma gleich, da stimmt was nicht, wie ein geschlagener Hund stand er da, er konnte ihr nicht in die Augen blicken.

Imma hörte ihm schweigend zu, so richtig verstand sie auch nicht, was Otto andeutete, aber es ging nicht um einen vorübergehenden Streit, soviel verstand Imma. Das war etwas Unumkehrbares, dieser resignierte Blick von Otto, der ins Leere ging, seine bittere Selbstironie, mit der er seine Rolle in diesem Spiel kommentierte. Imma fühlte sich unbehaglich, über Gefühle sprach ihr Bruder nie, und was zwischen Eheleuten vorfällt, sollte wohl deren Sache bleiben. Irgendwann suchte er doch Immas Blick und meinte:

»Nur dass du es weißt, ich wohne wieder in unserem Haus, ich bin nie verheiratet gewesen! Hetz mir ja nicht den Pfarrer auf den Leib, ich habe nichts mehr dazu zu sagen, werde auch niemandem etwas erklären. Das Kapitel Ehe ist für mich abgeschlossen.«

Bis zu seinem Tod hat er im Elternhaus gelebt. Die letzten zwanzig Jahre hatte er dort nur mehr das Wohnrecht auf eines der Zimmer, das Haus hatte er bereits verkauft. Tisch, Bett, ein Bücherschrank und ein Gewehrschrank, darin gepflegt und sorgsam verwahrt fünf Jagdgewehre, sowie der Kleiderkasten aus dem Schlafzimmer der Eltern, mehr fand in dem Raum nicht Platz. In der Ecke standen noch der kleine Kanonenofen und auch das altmodische Waschgestell mit der Waschschüssel und dem Wasserkrug. Die Schäbigkeit des vollgestellten Raums, das ausgemergelte Altmännergesicht, das grau zwischen nunmehr grauen, ehemals weißen Laken spitz hervorlugte und der bittere Geruch von Armut und Trostlosigkeit, der Imma entgegenschlug, als sie von den Hausbesitzern zum Totenbett ihres Bruders gerufen worden war, nahmen ihr den Atem.

Bereits als sie über die vertraute Schwelle des Elternhauses ging, hatte Imma das Gefühl, als ob sie eine Fremde beobachte, und was diese wohl in dem Haus zu suchen hätte. Dann, in der geöffneten Tür zum Zimmer des Bruders, glaubte sie ohnmächtig zu werden. Die Hausleute brachten ihr ein Glas Wasser und einen Stuhl, den sie ihr an das Totenbett des Bruders stellten, dann zogen sie sich zurück und ließen Imma allein.

Der Tod hatte ihn im Schlaf überrascht. Imma spürte in sich die widersinnige Hoffnung, er wäre vielleicht noch am Leben und nur zu schwach, die Augen zu öffnen. Aber diese große, scharf hervortretende wachsbleiche Nase zeigte überdeutlich, dass alle Farben und jedes Leben aus diesem Gesicht gewichen waren.

Immas Blick fiel auf die Wand mit den wenigen Fotos, die dort gruppiert hingen. Da war die Porträtaufnahme von ihr und ihren beiden Söhnen Viktor und Lorenz. Imma erinnerte sich noch genau, dass Lenz dieses Foto gewissermaßen bestellt hatte. Er wünschte sich ein Bild von seiner Frau und den beiden Söhnen, und diesmal trug Viktor Hosen und nicht mehr das weiße Kleidchen, wie bei der ersten Porträtaufnahme, die sie Lenz an die Front nachgeschickt hatte. Damals schickte Imma auch eine Aufnahme dem Bruder Otto, der Pate ihres Ältesten war. Daneben hing das Hochzeitsbild ihrer beider Eltern.

Neben diesen alten Schwarzweißfotos hing eine Farbfotografie von Otto und seinem Hund, einem irischen Setter.

Das Tier blickt aufmerksam in die Kamera, der seidige Glanz des rotbraunen Fells bildet den Mittelpunkt des Fotos, Otto saß auf einem Stuhl hinter dem Hund, einen Trenkerhut auf dem Kopf und die übliche Zigarre in der Hand. Das Bild musste aus den letzten Jahren stammen, denn dieser Hund war der letzte aus einer langen Reihe von treuen Begleitern. Nach dessen Tod vor wenigen Jahren wollte Otto keinen Hund mehr. Wie Imma später von den Hausleuten erfuhr, wollte er nicht, dass ihn ein Tier überlebe, das dann zu irgendwelchen Fremden käme, die den Hund vielleicht nicht gut behandeln würden.

Ein hageres, irgendwie spöttisch lächelndes Altmännergesicht blickte ihr aus dieser Fotografie entgegen. Imma fühlte sich unbehaglich, wie ertappt.

„Ja, ja, als brave Christin kannst du mit diesem Bruder keinen Staat machen!“ hatte er ihr einmal gesagt, als sie ihm auf dem Weg zur Kirche am Dorfplatz über den Weg lief.

Nun blickte sie auf diese eingefallene Maske. Graue Bartstoppeln verschatteten die eingefallenen Wangen, die geschlossenen Augen lagen in tiefen, dunklen Höhlen und seine seit jeher charakteristische starke Nase ragte nun scharfkantig, fast wie ein Fremdkörper, aus dem wächsernen, starren Gesicht. Imma fühlte sich selbst wie erstarrt, aber es ging nichts Tröstendes aus von dieser großen Stille. Den Abstand, den sie in den letzten Jahrzehnten zwischen sich und ihren Bruder gelegt hatte, ihr eigenes unversöhnliches Schweigen, fand in diesem Augenblick den großen Widerhall im ewigen Schweigen ihres toten Bruders.

Imma erhob sich und ging zögernd rückwärts zur Tür, das Totenbett nicht aus den Augen lassend, und plötzlich glaubte sie ihn kichern zu hören: „Schau, schau, wie bei der Audienz beim Kaiser, nur der Hofknicks fehlt ...“

Nun lag die Reise auch schon einige Monate zurück. Ihre Schwiegertochter hatte sie wie manchmal an Feiertagen zum Mittagsessen eingeladen. Seit Viktor tödlich verunglückt war, wurde sie häufiger als vorher zum gemeinsamen Mittagstisch geladen. Wenn Großmutter Imma zu Besuch kam, bemühte sich die Schwiegertochter besonders um ein schmackhaftes Essen und eine festlich gedeckte Tafel. Nach Abschluss des Mahles, bei Kaffee und Kuchen, begannen die beiden Frauen Erinnerungen hervorzuholen. Mit jeder kleinen Episode, die sie sich gegenseitig zum wiederholten Male erzählten, holten sie Viktor zurück in ihren Kreis. Wie altes Familiensilber, das immer wieder einmal zu bestimmten Anlässen hervorgeholt und poliert wird, so reihten sie vor einander die Erinnerungen auf.

Diesmal aber war es anders. Diesmal begannen sie beim ersten Schluck Kaffee wie auf Kommando gleichzeitig: »Oh Gott, erinnerst du dich an diese furchtbare Brühe, die sie Muckefuck nannten?« – »Sie haben sich ja so bemüht, aber mit dem Kaffee hat es halt nie richtig geklappt, der hat mir am meisten gefehlt!«

Nun gab es kein Halten mehr, die beiden Frauen, deren Lebenswelten sich innerhalb der häuslichen und dörflichen Grenzen abspielten, warfen sich nun Erinnerungen zu wie Bälle, die sie geschickt auffingen, mit jedem Wurf kam ein weiterer Gedanke dazu, eine kleine Beobachtung, Erinnerungssplitter, die sie nun gemeinsam zu einem farbigen Kaleidoskop zusammensetzten. Ein farbiges Bild ihrer gemeinsamen großen Reise, zu Lorenz, der nach dem Krieg nicht mehr zurückgekehrt war.

Alle drei bis vier Jahre fuhr Imma zu Besuch nach Ostdeutschland, wo ihr Sohn Lorenz mit seiner Familie lebte. Für Imma war es wichtig, diese Verbindung nicht abreißen zu lassen, auch wenn der abweisende Bürokratenstaat alles tat, ihr die Reise zu erschweren. Auch Lorenz brauchte diese Nabelschnur zur Heimat, zudem konnte seine Mutter ihn immer wieder einmal mit Gütern versorgen, die er sonst nie bekommen hätte, das wusste auch seine Frau zu schätzen. Immas Söhne von Lenz, Viktor und Lorenz, hatten als gemeinsames Erbe ein Weingut und ein Feld mit Apfelbäumen bekommen, diese Flächen wurden von einem ihrer Halbbrüder bearbeitet, sie warfen auch nicht viel ab, dennoch reichte es für die eine oder andere Anschaffung, die sonst in diesem Staat für Normalbürger nicht erschwinglich gewesen wäre.

Aus dem Erstkommunionskleid hatte ihr die Mutter ein modernes Sommerkleid genäht. Wie so oft war das Ergebnis von Mutters Näharbeiten ein gelungenes Stück, von den Freundinnen und deren Müttern gleichermaßen bewundert. Die Mutter hatte den weißen Baumwollpiqué mit einem blauen Baumwollsatin kombiniert und mit blauen Zackenlitzen, einem blauen Kragen und einer blauen Krawatte so aufgepeppt, dass daraus ein Kleid im Matrosenstil entstanden war. Zu diesem neuen Kleid hatte ihr die Mutter auch noch eine kleine blaue Umhängetasche gekauft. Diese Tasche hatte sie nun vor sich auf den eigens für Taschen angebrachten Haken gehängt. Wenn sie mit ihren Freundinnen die Messe besuchte, um zehn Uhr am Sonntag, dann saßen sie ziemlich weit vorn in den Bänken rechts vom Altar. Ihr ältester Bruder Toni hatte vor wenigen Wochen geheiratet, für dieses Fest hatte sie die Mutter hübsch ausstaffiert.

»Erzähl, wie war es auf der Hochzeit?«, wollte ihre Schulkameradin Christine wissen, aber da läutete der Ministrant schon die Glocke, und der Pfarrer nahm bereits die Stufen zum Altar. Nun mussten sie mit dem Schwatzen aufhören, sonst würden sie strafende Blicke ernten.

Nach einigen einleitenden Worten verwies der Priester auf eine Seite im Gesangsbuch, der Gesang würde den Beginn der Messfeier markieren. Man hörte das Rascheln der Seiten, und schon stimmte der Pfarrer mit überraschend hoher Stimme das Lied an, die Gläubigen fielen etwas zögerlich ein. Und da war sie, die Stimme der Großmutter, etwas zittrig, aber voller Inbrunst. Zwischen ihr und der Großmutter, die ihren Stammplatz in der Mitte der Kirche hatte, dort wo der breite Gang ihr die Sicht auf die vorderen Bänke und den Altar bot, waren ungefähr zehn Sitzreihen.

Die meisten Mädchen und Frauen sangen mit, nicht so wie die Männer auf der anderen Seite des Kirchenschiffes, die sich meist damit begnügten, Teile von Gebeten mit zu murmeln und die übrige Zeit schweigend dazustehen. Über all diese nun mit Gläubigen vollbesetzten Sitzreihen hinweg, konnte das Mädchen den Gesang ihrer Großmutter hören. Nachdem die zweite Strophe zu Ende war und der Pfarrer sich anschickte, mit der Liturgie fortzufahren, stimmte zittrig und grell zugleich Großmutter Imma die dritte Strophe an. Es dauerte einige Sekunden, bis zögernd auch andere in den Gesang einstimmten, und diese dritte Strophe, nach einer Ewigkeit, wie es ihr schien, schließlich ihr Ende fand.

Während des ganzen Spektakels blickte Eva, die Enkelin, starr auf ihre hübsche, neue Umhängetasche und schwor sich zum wiederholten Male, die Messebesuche einzustellen, so sehr schämte sie sich wegen ihrer sangesfreudigen Großmutter. Aus dem Augenwinkel heraus sah sie das Grinsen ihrer Schulkameradin, für die war es eine witzige Episode, für die Enkelin jedoch ein Alptraum. Bei jedem Messebesuch stieg die Stimme ihrer Großmutter taumelig in die Höhe, wie ein schwach gefüllter Luftballon.

„Warum merkt sie nicht, wie lächerlich das ist, warum sagt es ihr niemand?"

Aber das Gegenteil war der Fall. Der Pfarrer lobte die fleißige Kirchgängerin Imma und ihre unerschütterliche Sangesfreudigkeit. Seit dem Konzil und der Einführung des Volksaltars wurde großer Wert auf die Einbeziehung des gläubigen Volkes in die Messfeier gelegt. Immas Eifer betrachtete der Pfarrer daher mit Wohlgefallen. Die Enkelin mochte die Großmutter sehr gerne, sie kannte sie nur als heitere, fröhliche Frau, die mit großer Gelassenheit durchs Leben ging.

„Nicht ärgern, bloß staunen und wundern!" war Großmutters Lieblingsspruch.

Wenn sie noch ein Stück in der Kirchenbank nach vorne rutschte, würde sie kleiner und vielleicht sogar unsichtbar, das war es, was sich das Mädchen im Moment wünschte.

Seit die Enkelin zum Studium in der Stadt im Ausland war, ging sich ein Besuch bei der Großmutter nur mehr selten aus. An diesem Sonntag wollte sie aber auf einen Sprung bei ihr vorbeischauen. Eva öffnete die Haustür und stand auch schon der Tante gegenüber, die sogleich fröhlich verkündete: »Schaut mal, Mutter, wer Euch besuchen kommt!«

Aus der Küche der Schwiegertochter kam die Großmutter ihr freudig überrascht entgegen und lotste die Enkelin in ihre eigene kleine Küche. Sie bot ihr einen Stuhl an und setzte sich mit ihr an den kleinen Tisch. Das Nachmittagslicht fiel durchs Fenster direkt auf den Küchentisch. Die Leinentischdecke war mit einer durchsichtigen Plastikdecke vor Verunreinigung geschützt, in der Mitte des kleinen Tisches stand eine Gloxinie. Die kleine kompakte Pflanze hatte auffallend große, trichterförmige Blüten. Wie Samt schimmerte das tiefe dunkle Rot der Blüten, jedes Blütenblatt hatte einen gewellten weißen Rand, der Boden des Blütenkelches war ebenfalls weiß. Die Pflanze wirkte seltsam altmodisch und deplatziert.

Die Enkelin versuchte sich bewusst ihrer Großmutter zuzuwenden und deren interessierte Fragen nach Studium und Wohnort pflichtschuldigst zu beantworten. Großmutter fragte auch ungeniert und augenzwinkernd nach dem Freund, dem Maler. Plötzlich flüsterte sie verschwörerisch:

»Schau mal, was ich gesammelt habe!«

Vorsichtig schob sie die Gloxinie an das Tischende und hob mit beiden Händen vorsichtig die Tischdecke an, langsam, fast theatralisch zog sie einige Zeitungsblätter hervor, strich die Tischdecke wieder glatt und legte die Ausschnitte vor die Enkelin hin. Es waren Artikel, die sie aus der lokalen Tageszeitung ausgeschnitten hatte, den Maler betreffend.

»Nicht schlecht!«, meinte lachend die Enkelin, »da hat er ja noch eine Bewunderin in Euch gefunden!« Das 'Ihr' und 'Euch' war eine Ehrbezeugung in der Anrede, die allein älteren Menschen vorbehalten war. Es sollte noch ein paar Jahre dauern, bis der Maler einige Porträtzeichnungen von 'Nadl' – so wurde die Großmutter im Dialekt genannt – machen würde. Zur Freude der Enkelin wird es sich dann gezeigt haben, dass die alte Frau und der junge Mann einen guten Draht zueinander finden werden.

Eva nimmt ein Foto aus einem ungeordneten Stapel von persönlichen Erinnerungsstücken. Sie schaut lächelnd auf das heitere Bild: auf dem schmalen Balkon ihrer früheren Wohnung stehen Großmutter Imma und Elsa, Evas Schwester. Beide Frauen eher klein, die Schwester zierlich, die Großmutter kompakt, aber nicht dick. Mit kokettem Lächeln und schief gehaltenem Kopf trägt sie den Hut des Malers, einen breitkrempigen Borsalino. Die Achtzig hat sie schon weit überschritten, aber ihr Lächeln ist noch immer schelmisch, wie bei einem jungen Mädchen.

Adele

Nenne dich nicht arm, wenn deine Träume nicht in Erfüllung gegangen sind; wirklich arm ist nur, der nie geträumt hat.
Marie von Ebner-Eschenbach

1937

Wo das Haus einen rechten Winkel bildet, ist der Sandhaufen aufgeschüttet worden. Es war nun schon Monate her, dass die Maurer für den Umbau der Tenne zur Werkstatt Sand für das Anrühren des Mörtels geholt hatten. Aber nach Beendigung des Umbaus war gut ein Drittel vom Sandhaufen übrig geblieben und diente nun den beiden Mädchen als Spielplatz.

Sie kauern einander gegenüber mit gesenkten Köpfen, sie sind gerade dabei, mit größeren Steinen und flachen Holzstücken eine Art Brücke zu konstruieren. Sie hatten schon ein Wegenetz angelegt und mit großen Rindenstücken einige windschiefe Gehöfte angedeutet. Ihre Köpfe stecken nun ganz nahe beieinander. Das kleinere der beiden Mädchen trägt das Haar exakt gescheitelt und zu blonden Zöpfen geflochten, sie wird ungefähr acht oder neun Jahre alt sein. Das ältere der beiden Mädchen dreht und wendet hastig, fast ungeduldig die unregelmäßigen Steine, damit diese sich zusammenfügen und das Fundament für die Brücke endlich fertig wird. Nun scheint sie vorerst ihre Arbeit unterbrechen zu wollen, sie richtet sich ruckartig auf und streicht hastig ihr krauses, kupferrotes Haar aus der Stirn und lacht. Die Kleinere, noch immer kauernd, schaut zu ihr auf und lacht ebenfalls. Das Mädchen mit den roten Haaren klopft sich den Sand vom Saum ihres grün-rot karierten Kattunkleides:

»Ich muss gehen, es ist schon spät, hörst du die Glocken zum Feierabend? Viktor will heute noch vorbeischauen, außerdem muss ich meinem Vater zum Abendessen die Suppe heiß machen!«

Wenn Sabina sie hier auf dem Sandhaufen sähe, würde sie sagen:

„Was bist du für eine kindische Gans! Mit einer zehn Jahre Jüngeren wie die Hühner im Sand scharren, hast du nichts Besseres zu tun?“

Irgendwie hätte sie ja recht mit solchen Äußerungen, aber die kleine Irma vom Nachbarn hat so inständig gebettelt, Adele möge mit ihr spielen, dass sie nicht Nein sagen konnte. Obwohl oder gerade, weil sie schon sechzehn Jahre alt ist, auf der Schwelle zum Erwachsensein, bereitet es ihr eine stille Genugtuung, Regeln und Erwartungen auf diese harmlose Weise zu unterwandern. Wenn Viktor es erführe, würde er lachen und sie seinen liebsten Kindskopf nennen.

Vorsichtig stakst sie mit ihren mageren Storchenbeinen durch den Sand, sie achtet darauf, dass nichts von den Bauten beschädigt wird. Außerhalb des Sandhaufens ist die Gasse mit mehligem Staub bedeckt, verdorrte Grasbüschel finden sich zwischen den Fahrrillen. Sie schaut sich hastig nach ihren Schuhen um und findet sie nah bei der Mauer, die den elterlichen Hof umschließt. Sie streift ihre staubigen Füße an den Waden ab und schlüpft ohne die weißen Söckchen in ihre Schuhe, die Socken verstaut sie in der Seitentasche ihres Kleides.

»Vergiss deine Puppe nicht, wenn du nach Hause gehst!«, mahnt Adele die Kleine und zeigt mit ihrer Schuhspitze auf die achtlos hingeworfene Echthaarpuppe mit dem grünen Samtkleid und der weißen Schürze, ein besonderes Geschenk zur Einschulung. Irma weiß, dass sie die elterliche Wohnung mit der Puppe gar nicht hätte verlassen dürfen, aber beide Mädchen können über die einander gegenüberliegenden Gartentüren wieder rasch und unauffällig in den jeweiligen elterlichen Garten zurückkehren, so wird ihre Abwesenheit gar nicht bemerkt werden. Irma wird den Staub aus dem Samtkleid der Puppe klopfen und deren spitzengesäumte Schürze geradeziehen, so wird es der Mutter gar nicht auffallen, dass Irma und die Puppe auf Abenteuer aus waren.

Adele, sechzehn Jahre alt, ein schlankes Mädchen mit der blassen, milchigen Haut der Rothaarigen. Ovales Gesicht, Rehaugen (sagt Viktor). Das Auffallendste an ihr ist aber das gekräuselte kupferrote Haar. Um Stirn und Schläfen stehlen sich einzelne Strähnen aus der Flechtfrisur, sie umrahmen wie Ausrufezeichen das weiche, noch kindliche Gesicht.

Seit ihre Schwester Sabina geheiratet hat, führt sie dem Vater den Haushalt. Die Schwester kommt alle paar Tage zur Inspektion, und immer hat sie irgendetwas auszusetzen. Mal ist es der Fußboden, der gründlicher gescheuert gehört, dann sind es die Fenster, die angeblich seit einer Ewigkeit nicht mehr geputzt worden sind. Auch der Blick in den Wäscheschrank bestätigt, dass Adele beim Bügeln zu wenig sorgfältig gewesen sei. Manchmal hasst sie ihre ach so tüchtige Schwester, warum kann sie nicht einmal etwas Freundliches und Anerkennendes sagen!

Adele hat es aufgegeben, sich zu rechtfertigen, denn sonst kommt Sabina in wildem Eifer immer wieder mit den gleichen Geschichten. Sie, sechzehn Jahre älter als Adele, habe es in frühen Jahren sehr schwer gehabt: als Hausmädchen zuerst bei Bauern, dann bei Herrschaften in der Stadt schuften! Adele habe es da viel besser, der geduldige Vater sei ja viel zu wenig streng und lasse ihr alles durchgehen, die Mutter, Gott hab sie selig, hätte da doch entschiedener durchgegriffen. Manchmal erzählte Sabina von der düsteren Zeit, als der Vater im Krieg war. Vom Hunger, von der müden und sorgenvollen Mutter, die mit den Lebensmittelmarken einen Gesellen mitverköstigen musste, der das Geschäft aufrecht erhielt.

Betroffen hörte Adele der Schwester zu, wie sie ein Vorkommnis am Mittagstisch ihres Erstkommunionstags schilderte. Zur Feier des Tages hatte ihr die Mutter ein Spiegelei zu den Bratkartoffeln gegeben, der Geselle, der ihr gegenüber saß, murmelte über seinen gefüllten Teller gebeugt, gut hörbar für die Mutter:

„Wozu braucht das Mädchen ein Ei, und unsereins, der arbeitet, hat keins!"

Mit bleichem Gesicht, wortlos schöpfte die Mutter das Ei von Sabinas Teller in den Teller des Gesellen. Wenn nach solchen Erzählungen nicht immer wieder der harsche Nachsatz käme:

„Denk dran, um wieviel besser du es hast!", dann würde Adele ihr Mitgefühl der Schwester deutlicher zeigen können.

Manchmal hielt sie jenes Foto in der Hand, um lang auf das verhärmte Gesicht der Mutter zu starren, auf Sabinas magere, traurige Gestalt und das pausbäckige und dennoch so traurige Puppengesicht der verstorbenen Schwester Laura. Das Foto stammte aus der Kriegszeit, aufgenommen vor ihrer Geburt. Dann träumte Adele davon, wie es wäre, wenn die Mutter noch lebte, was sie ihr wohl vom Krieg und von den vergangenen Zeiten erzählen würde.

Adele öffnet die Lade der Holzkiste und muss feststellen, dass nur mehr wenige knorrige Holzstücke vorhanden waren, sie muss sich beeilen, um Holznachschub aus dem Schuppen zu holen, wenn sie es noch rechtzeitig schaffen will, im Herd Feuer zu machen, um genügend heißes Wasser bereitzuhalten, wenn der Vater von der Arbeit heimkommt.

Es ist ein abendliches Ritual, wenn der Vater schwarz und staubig aus der Arbeit heimkehrt. Dann muss das dampfendheiße Wasser in den hölzernen Bottich gegossen und nur so viel kaltes Wasser beigegeben werden, dass es sich immer noch heiß anfühlt, die Bürste, die Kernseife und die blau-grau gestreiften, langen Leinenhandtücher müssen auf einem Holzschemel bereitliegen. Der Vater zieht dann mit einem wohligen Ächzen den Stoffvorhang in der Küchenecke zu und widmet sich lang und sorgfältig seiner Körperpflege, bevor er sich zum Essen an den Tisch setzt.

In der Zwischenzeit deckt Adele den Tisch und sorgt dafür, dass das Abendessen warm auf dem Herd bereitsteht.

Es sind einfache Gerichte, die sie zu kochen gelernt hat und die ihr Vater stets mit einem freundlichen, anerkennenden Wort zu loben weiß. Es gibt Pellkartoffeln mit Speck, manchmal eine dickflüssige Gerstensuppe mit Selchfleisch oder Schmarrn mit Preiselbeermarmelade oder Marillenkompott. Manchmal erzählen sie sich gegenseitig, wie der Tag war, manchmal sind sie auch einsilbig und bedrückt, besonders dann, wenn die Rede auf Adeles Mutter kommt, die nun schon seit fünf Jahren tot ist. Sie vermissen sie beide, auch wenn es ihnen schlecht gelingt, über ihre Trauer zu sprechen.

Adele mag es sich eigentlich nicht eingestehen, aber den Vater hat sie immer lieber gehabt als die Mutter. Die hat Adele immer nur als ernste, schweigsame Frau wahrgenommen, die selten lachte. Nachdem sie sich durch einen Holzsplitter an einem Auge stark verletzt hatte und mit dem vernarbten Auge auch nichts mehr sehen konnte, trug sie ständig eine dunkle Brille.

„Ich konnte ihre Augen nicht sehen und wusste daher nie, was in ihr vorging,", hat Adele später als erwachsene Frau gesagt. Der Vater hingegen ist schon ihr Leben lang ihre sichere Konstante. Freundlich, ruhig, von leiser Zurückhaltung und dennoch ganz ihr zugewandt.

Adele steht heute als erste vom Esstisch auf, ihr Vater blickt erstaunt hoch und meint:

»Heute hast du es aber eilig!«

Adele murmelt etwas undeutlich, während sie sich am Herd zu schaffen macht:

»Viktor hat am Sonntag gesagt, er würde nach Feierabend noch vorbeischauen.«

»Ach so«, meint der Vater, und sie hört ein Schmunzeln in seiner Stimme, »dann müssen wir noch rasch den Badezuber entleeren.«

Wie jeden Abend tragen Adele und ihr Vater den Holzzuber in den Hof und kippen das Waschwasser beim Feigen- und beim Marillenbaum in der Ecke zwischen Steinen und Grasbüscheln aus. Die Bäume tragen jedes Jahr reichlich Früchte, es scheint ihnen zu bekommen.

Adele denkt an das schwarz-weiß gekachelte Badezimmer von Frau Welsch, an die schöne weiße Badewanne mit den Löwenfüßen. Von all den noblen Gegenständen in der herrschaftlichen Wohnung, den schweren Möbeln im Salon, dem bequemen Sofa, der langen Reihe glänzender Kupfertöpfe in der Küche, ist Adele am meisten von dem Badezimmer angetan. Seit wenigen Wochen geht sie viermal in der Woche zu Frau Welsch, um Kochen und Haushaltsführung zu lernen, so hat es der Vater mit ihr vereinbart. Frau

Welsch ist jung, fröhlich, so gar nicht auf Etikette bedacht (so anders als es Sabina von ihren eigenen Dienstgebern schilderte). Frau Welsch plaudert und kichert, als wäre Adele ein Familienmitglied, und nebenbei leitet sie sie bei der Hausarbeit an.

Nachdem der Vater vereinbart hat, dass dies für Adele eine Lehrzeit in Haushaltsführung sei, wird sie für ihre Arbeit auch nicht bezahlt. Manchmal wäre es ihr schon lieber, eigenes Geld zu verdienen, aber so ist es ihr auch recht, so fühlt sie sich zu nichts verpflichtet, zumal ihr Vater diese Lehrzeit auf ein halbes Jahr beschränkt hat.

Es ist gut, die Stille des Heimathauses verlassen zu können: die Mutter verstorben, die Schwester verheiratet, der Vater geht seinem Handwerk nach. Sie hätte zwar durchaus gewusst, wie diese Stunden zu füllen wären: mit Lesen, mit Zeichnen, aber der Vater meint, das wäre Müßiggang, sie müsse etwas Vernünftiges fürs Leben lernen.

Vater trägt also das hölzerne Ungetüm zurück in die Küche und Adele beeilt sich, dort mit einem Lappen sauberzumachen und die wenigen Utensilien wieder an ihren Platz zu räumen.

Bevor Viktor kommt, sollte sie es noch schaffen, dem Vater seinen gewohnten Abendtee aus Irisch Moos, Thymian und Lungenkraut zuzubereiten. Mutter ist nun schon seit fünf Jahren tot, aber der Duft des aufgebrühten Kräutertees hält jeden Abend die Erinnerung an sie wach.

Fürsorglich meinte die Mutter damals: „Du atmest bei deiner Arbeit Staub ein, deshalb musst du viel Tee trinken, der deine Lungen stärkt und deine Bronchien befreit." Die Mutter hat jedes Jahr große Mengen an Heilkräutern gesammelt, getrocknet und in dunklen Gläsern in der Speisekammer aufbewahrt. Sie kannte die Wirkung der Kräuter und wusste sie bei vielen Wehwehchen einzusetzen. Als Kind, wenn sie krank war, trank Adele mit großem Widerwillen vom bitteren Kräutersud, nun aber muss sie selbst zusehen, dass sie rechtzeitig die Kräuter für Vaters Abendtee sammelt und trocknet, und jedes Mal bittet sie ihre Mutter in Gedanken um Verzeihung, weil sie damals öfters so bockig die Medizin verweigert hat.

Nachdem der Vater die große weiße Viertellitertasse mit dampfendem Tee in Empfang genommen hat, beginnt er wie jeden Abend, die Tasse mit beiden Händen umschließend wie ein Priester die Monstranz, in der Küche gemächlich auf und ab zu schreiten. Manchmal erzählt er ihr eine lustige Begebenheit von tagsüber, auch Dinge, die ihn traurig oder nachdenklich stimmen, kommen manchmal zu Sprache. Manchmal trägt er auch seiner Tochter auf, in welchen Häusern sie ankündigen solle, dass er in den kommenden Tagen käme, die Kamine zu fegen. Diesmal aber meint er:

»Sabina sagt mir, dass du seit einigen Wochen sonntags nach der Messe mit anderen jungen Leuten zusammensteht und dass dann immer Viktor in deiner Nähe ist.«

Sie bejaht, der Vater blickt sie forschend an: »Gefällt er dir?« Sie lächelt und hebt vielsagend die Augenbrauen.

1937

»Ach Kind, Adelchen, du bist aber eine zarte Seele!«

Frau Welsch, die kleiner war als Adele, stemmte eine Hand in die Hüfte und sah Adele belustigt und etwas skeptisch von der Seite an: »Sie sind doch froh wenn sie überhaupt etwas bekommen, das kannst du ihnen ruhig übers Fenster zuwerfen, ich mach das immer so.«

»Mir macht es aber nichts aus, die Treppe zu nehmen!« Bei uns daheim, dachte sie, wirft man höchstens Hunden einen Knochen zu.

Hinter der reich geschnitzten schweren Holztür mit dem Löwenkopf und dem Messingklopfer wussten Bettler und Zigeuner zu Recht wohlhabende Menschen, keiner verzichtete darauf, an die Tür zu klopfen. Adele öffnete eines der schweren Doppelbogenfenster im Treppenhaus, um nachzusehen, wer an der Eingangstür sei. Bettlern und Zigeunern sollte sie dann ein Stück Brot aus der Küche holen, oder manchmal auch eine kleine Kupfermünze, und diese dann über das Fenster den Bettlern vor die Füße werfen. Aber das tat sie nicht, sie holte das Brot oder die Münze und lief rasch über die breite Treppe ins Erdgeschoss, öffnete die Tür und reichte das Almosen den Menschen, die darauf warteten. Eigentlich fand sie es sogar schäbig, nur trockenes Brot verschenken zu dürfen und nicht einmal ein Ei oder einen Apfel dazu, aber die Gabe in die ausgestreckte Hand legen, das war das Wenigste, was sie tun konnte. Ihre Dienstgeberin ließ es auch dabei bewenden und kam auf die Art der Almosengabe nicht mehr zurück.

In diesem gutbürgerlichen Haus unterschieden sich nicht nur Ausstattung und Lebensgewohnheiten von ihrem eigenen Zuhause, Frau Welsch verbreitete eine unverbindliche Fröhlichkeit, indem sie wie ein Vogel den ganzen Tag vor sich hin zwitscherte. Adele war zurückhaltend und sparsamer mit ihren Worten, aber sie fühlte sich hier wohler und ungezwungener als unter dem strengen Blick ihrer eigenen Schwester. Seit Frau Welsch gehört hatte, dass Adele gerne las, gab sie ihr jede Woche ganz unterschiedliche Bücher zum Lesen mit. Sogar einige Exemplare der Zeitschriften 'Du und dein Heim' oder 'Die Frau von heute' legte sie zu den Büchern, darin fanden sich Beiträge zu Mode, Einrichtung und Kindererziehung. Viel Information, brauchbare Tipps und elegante Modeskizzen bildeten ein interessantes

Kaleidoskop und legten nahe, wie das Leben der modernen Frauen aussähe.

Es war Sonntagnachmittag, Vater hielt noch seinen Mittagsschlaf, da legte Adele die Modeseite eines dieser Hefte aufgeschlagen vor sich auf den Küchentisch. Die spätherbstliche Sonne fiel schräg durch das Küchenfenster. Auf den leeren karierten Seiten ihrer ehemaligen Schulhefte hatte sie nun mit Bleistift gut zehn Skizzen von Frauen in moderner Kleidung angefertigt. So, wie sie die Modeseiten in den Zeitschriften darstellten: schlanke, große Frauen mit schwingenden Röcken und schmaler Taille. Die Farben fehlten ihr, und so konnte sie nur mit den Resten im Tintenfass und einem arg ramponierten Pinsel Schatten und Vertiefungen mit dem Tintenblau andeuten. So vertieft war sie in ihr Tun, dass sie erschrocken auffuhr, als hinter ihr die Stimme des Vaters ertönte:

»Du machst das nicht schlecht, aber wozu? Brotlose Kunst! Du solltest dich mit Nützlicherem befassen! Wenn du einmal heiratest, dann kannst du deinem Mann nicht schöne Zeichnungen statt einem kräftigen Mittagessen vorsetzen!«

»Ein wenig lesen und zeichnen am Sonntagnachmittag, was ist schlecht daran? ...«

»Kind, du sollst dich nicht solchen Träumen hingeben, das führt zu nichts!«

Der Vater hatte sich nun gegenüber seiner Tochter auf den Stuhl gesetzt, mit der linken Hand hielt er sich an der Tischkante, mit dem rechten Zeigefinger fuhr er sich in langsamen, streichenden Bewegungen von den Nasenflügeln zum Kinn, als würde er diese Furche in seinem alternden Gesicht glattstreichen wollen. Er blickte sie forschend an, wirkte auch irgendwie hilflos. Mit einem leichten Kopfschütteln begann er:

»Ich habe mit meinem Freund, dem Anstreicher Zanoll, gesprochen. Er kennt sich ja aus mit Farben und so. Um das Zeichnen und Malen zu lernen, muss man nach Mailand. Nur dort gibt es eigene Schulen. Aber das können wir uns nicht leisten, das weißt du. Es hat keinen Zweck, Kind, du musst was Vernünftiges lernen!«

Etwas schwerfällig stand er auf, sich immer noch an der Tischkante abstützend, er stieß ein leises, schnaubendes Lachen aus, hob fragend die Augenbrauen und meinte:

»Außerdem gefällt dir doch der Viktor, er ist einige Jahre älter als du, da wird er wohl bald heiraten wollen. Wenn du ihn auch heiraten möchtest, dann musst du schon noch Einiges lernen, wie man einen Haushalt führt, nicht wahr?«

Adele klappte ihre Hefte zusammen. Heftig einatmend biss sie sich auf die Lippen. Ihr ovales, blasses Gesicht wurde noch kleiner, ihre Augen wirkten dunkler, größer und voller Vorwurf.

»Ich zeichne ja höchstens ein paar Stunden am Sonntag, und die Sabina muss es ja nicht wissen. Und der Viktor hat schon die Schiffskarte nach Rhodos, im nächsten Monat wird er fahren.«

1937

Adele streicht nachdenklich über die Schatulle aus Wurzelholz. Sie ist lackiert, so dass die Helldunkelkontraste zwischen einem warmen Honiggelb und einem schönen Nussbraun gut zur Geltung kommen.

Was hatte Mutter eigentlich in dieser Schatulle? Schmuck hatte sie doch kaum. Von Heiligenbildchen, wie sie die Patres und Pfarrer verteilen, hielt sie auch nicht gerade viel. Sie kann sich nicht erinnern, dass Mutter diese Schatulle, die immer auf der Kommode im Elternschlafzimmer stand, jemals geöffnet hätte. Nun gehörte sie ihr, Vater hatte die Schatulle in ihre Kammer getragen mit den Worten:

»Vielleicht hast du dafür Verwendung!«

Und ob sie das hatte! Seit Viktor vor einem halben Jahr nach dieser unbekannten Insel in Griechenland aufgebrochen war, schickte er ihr zwei bis drei Briefe im Monat. Adele hütete sie in der Schatulle, den kleinen Messingschlüssel trug sie an der dünnen Goldkette um den Hals.

Der Frau Welsch war der kleine Schlüssel, der bei einem etwas freieren Ausschnitt an Adeles Hals zu sehen war, gleich aufgefallen:

»Ach, du führst nun ein Tagebuch?«, meinte sie und sah mit erwartungsvollem Lächeln Adele an.

Die aber verneinte und murmelte etwas von Briefen, die sie bekäme. Dies stachelte wiederum die Neugierde von Frau Welsch erst recht an. Adele wusste, Frau Welsch würde keine Ruhe geben, wenn Adele sie nicht ein wenig teilhaben ließ am Leben auf dieser fernen Insel, das Viktor in seinen Briefen beschrieb.

Italien hatte diese griechischen Inseln besetzt und bot im Bereich der Forstwirtschaft Männern mit Erfahrung eine gut bezahlte Anstellung. Männer aus dem Trentino, dem Fleimstal und wenige auch aus Südtirol hatten diese Gelegenheit wahrgenommen und waren ausgewandert. Aber über die Arbeit in den Wäldern, über die Holzschlägerungen und die Aufforstungen stand wenig in den Briefen von Viktor, das war seine tägliche Arbeit gewesen, das schien ihm kaum berichtenswert. Da erfuhr Adele schon eher etwas über die Jagd, Viktors große Leidenschaft.

Sie fühlte sich schon ein wenig stolz, weil sie, das einfache Dorfmädchen, nun etwas hatte, was Frau Welsch so sehr interessierte, dass sie ganz aufgeregt um Adele herumstrich:

»Das musst du mir nun ganz genau erzählen, nein so was, das ist ja unglaublich!«

Sie stand schon an der Tür zum Salon, rasch trat sie in den Raum und winkte Adele ungeduldig zu sich herein. Im Nu hatte sie zwei Likörgläser auf das kleine Serviertischchen gestellt, aus der Kristallkaraffe goss sie „einen tüchtigen Schluck Sherry, der die Zunge löst" ein. Adele fühlte sich ein wenig unbehaglich, sie hatte das Gefühl, es stehe ihr nicht zu, im Salon zu sitzen und mit Frau Welsch Likör zu trinken, so als wäre sie deren Freundin. Zudem stieg ihr das ungewohnte Getränk schon zu Kopf, ihre Wangen brannten. Andererseits spürte sie, dass Frau Welsch den Neuigkeiten buchstäblich entgegenfieberte. Adele wusste, sie musste gut wählen, was sie aus Viktors Briefen an Frau Welsch weitergeben wollte.

1938

Ihr Herz klopfte so laut, dass Adele das Gefühl hatte, ihre Freundin, die an ihrer Seite in der Kirchenbank saß, müsste es eigentlich hören. Aber die duckte sich in vermeintlicher Frömmigkeit und starrte auf die Rücken der Gebetsbücher, die griffbereit in der Ablage der Kirchenbänke lagen. Adele richtete ihren starren Blick auf den Altar und konzentrierte sich darauf, ihren stoßweisen Atem wieder ruhiger strömen zu lassen. Der Pfarrer hatte sich längst von ihr abgewandt. Mit zornigem Blick, drohend und dem eher gezischt als gesprochenen Halbsatz: »Du wagst es ...!«

Verlegenes Gekicher der Mädchenschar hatte die Episode begleitet. Sie würde nicht klein beigeben. Was sie gesagt hatte, würde sie unter keinen Umständen zurücknehmen, und beichten würde sie das Vorgefallene schon gar nicht. Von Ferne hatte sie die Stimme der Mutter im Ohr: „Du ungläubiger Thomas, du Lutheranerin, es wird noch ein schlimmes Ende nehmen mit dir!“

Ihre Mutter war streng, unnachgiebig und überhaupt nicht bereit, sich auf Diskussionen einzulassen. Aber damals, als ihre Mutter noch lebte, war Adele noch ein Kind, ein widerspenstiges, das sich nicht mit frommen Geschichten abspeisen ließ. Empört und aufgewühlt kam sie aus dem Religionsunterricht heim und erzählte aufgebracht von Abraham, der dem Befehl Gottes nachkommen und seinen Sohn Isaak schlachten wollte:

»Was ist das für ein Gott, der so etwas Ungeheuerliches von einem Vater verlangt? Und wie kann ein Vater so etwas tun?«

Damals war sie sieben gewesen, ihre Mutter hatte den Kopf geschüttelt, mit dem Zeigefinger gedroht und sie auf die Notwendigkeit verwiesen, Gottes Befehlen zu gehorchen. Ihre Mutter war wie der Pfarrer, Fragenstellen war unerwünscht. Zum Glück wies der Vater sie niemals ab, wenn sie sich mit einer Frage an ihn wandte, er hörte ihr aufmerksam zu und antwortete ruhig und überlegt, er speiste sie niemals mit: „Du musst ... Du darfst nicht ...“ ab.

Nun, da sie fast erwachsen ist, wird sie den heutigen Vorfall wohl auch mit ihm besprechen.

Das vielstimmige Gemurmel der Marienlitanei dringt an ihr Ohr:

»Mutter du Reine, Mutter du Keusche, Mutter ohne Makel ...«

Das wird die letzte Maiandacht gewesen sein, zu der ich gehen werde, gelobt sie sich. Sie sieht auf die Schöße ihrer weißen Bluse, auf den dunkelblauen Rock mit den weißen Punkten und sie fühlt sich stolz und glücklich trotz des Vorfalls.

Seit zwei Monaten lernt sie nähen. Rock und Bluse sind die ersten eigenständig verfertigten Kleidungsstücke, sie sind gut gelungen, sogar Sabina meint anerkennend, dass sie sich ein geschmackvolles Ensemble genäht habe. Adele nimmt ihre sommersprossigen Arme in Augenschein. Der leicht gepuffte weiße Blusenärmel endet vier Finger oberhalb des Ellbogens. Eigentlich wäre es ihr lieber, dass man die Sommersprossen nicht so sehr sieht, aber deshalb die Ärmel länger machen, nein gewiss nicht, jetzt wo es warm wird! Der Pfarrer kann sich über die Kürze der Ärmel ruhig echauffieren, und innerlich muss sie grinsen über die heftige Antwort, die sie ihm vorhin gegeben hat:

»Meine Blusenärmel sollen zu kurz sein? Was sagen Sie dann zu den nackten Engeln am Altar?«

Scharfes Atemholen und dann Atemanhalten neben ihr, halb unterdrücktes Kichern hinter ihr, Adele weiß, die Mädchenschar würde zwischen Bewunderung und Empörung schwanken, sie werden nach der Maiandacht den Vorfall durchhecheln, das eine und andere noch ausschmücken. Aber sie wird nach dem Ende der Maiandacht sofort heimgehen, sie hat keine Lust sich zum fragwürdigen Mittelpunkt der Tratschereien machen zu lassen.

„Es sind wieder einmal die Pferde mit dir davongaloppiert“, wird Vater sagen. „Du musst lernen, dich zu mäßigen, sonst wirst du nie erwachsen!“

1938

Sie blickte auf das kleine Foto mit dem Zackenrand aus Viktors Brief. Er sah so stolz und unternehmungslustig aus, den Hut aus der Stirn zurückgeschoben, geblendet vom südlichen Licht hat er die Augen zusammengekniffen und ein triumphierendes Lachen auf dem Gesicht. Er hält den Riesenvogel, einen Lämmergeier, vor sich und hält mit der anderen

Hand einen Flügel hoch, sodass man die gewaltige Flügelspannweite des Tiers erahnen kann. Viktor schreibt, mehr als zwei Meter fünfundzwanzig betrage die Flügelspannweite. Er schreibt auch, wie die Frauen des Dorfes ihn beschenkt haben, als er mit dem erlegten Tier von der Jagd zurück in seine Unterkunft hat gehen wollen. Seine Vermieterin hat mit lauten Rufen die anderen Dorfbewohner aufmerksam gemacht, so dass einige ihm mit einem Korb Eier nachliefen, andere ihm Schafskäse und Oliven zusteckten. Wie er dann dem Kauderwelsch aus gebrochenem Italienisch und Zeichensprache entnehmen konnte, sollten einige gestohlene Lämmer auf das Konto dieses Vogels gegangen sein. Nun war man erleichtert, dass dieser Räuber der Lüfte unschädlich gemacht worden war.

Adele hielt träumend das Foto in der Hand, sie sah auf den Brief, auf Viktors ungelenke Handschrift und musste schmunzeln, die deutsche Rechtschreibung war seine Sache nicht, nachdem er einen Teil seiner Schulpflicht in der italienischen Sprache absolviert hatte.

Viktor, der Abenteurer, der sich am liebsten in der Natur aufhielt, nahm kaum einmal ein Buch in die Hand, nicht so wie sie, Adele. Daher klang seine Liebeserklärung im Brief rührend komisch:

„Ich denke jeden tag an dich, du gest mir nicht aus dem kobf."

Er schrieb, er würde Anfang des kommenden Jahres zurückkehren und um Adeles Hand anhalten, dann würden sie im Sommer heiraten und gemeinsam nach Rhodos auswandern.

Der Vater, das wussten sie beide, würde sie ziehen lassen. Er selbst hatte sich erst kürzlich für die Auswanderung nach Österreich entschieden. Der Zwang für ihn als kleinen Handwerker, der faschistischen Partei beizutreten, war für diese Entscheidung nicht unerheblich. Mit bitterer Ironie kommentierte er seine Entscheidung:

»Ich bin ja eh ein Schwarzer (im Volksmund wurden die Kaminkehrer so genannt), da sollte ich doch eigentlich nichts dagegen haben, mich zu den Schwarzhemden zu gesellen.«

Aber der Zwang, sich an den öffentlichen Aufmärschen zu beteiligen, sich als Faschist zu deklarieren, um den Gewerbeschein nicht zu verlieren, war so demütigend, dem wollte er sich nicht länger aussetzen. Er würde also nach Österreich auswandern, er hatte schon mit seinen Vettern in I. Kontakt aufgenommen, dort würde er weiterhin als Kaminfeger arbeiten, auch wenn er nicht mehr der Jüngste war. Diesen Neuanfang im ehemaligen Mutterland Österreich wollte er wagen.

1939

Adele hatte sich eine Obstkiste unter den Marillenbaum gestellt, darauf saß sie nun und genoss die schon kräftigen Strahlen der Märzsonne. Im Rücken die kalkgetünchte Wand des neuen Holzschuppens. Sie ließ den Blick schweifen. Hofraum und Garten waren nun kleiner, seit das Haus und der Garten auf zwei Wohneinheiten aufgeteilt worden war.

Sabina als Erstgeborene durfte wählen, in welcher Hälfte des Hauses die Wohnung für sie und ihren Mann, Ernst, liegen sollte. Sie wählte die Talseitenhälfte, da gab es den Holzbalkon nach Süden mit der Treppe zur Mühlgasse und den viel größeren Hofraum.

Adele trauerte dem alten Birnbaum nach, der dort an der wärmenden Südmauer des Nachbarstadels wuchs, wo der Vater seinen Bienenstand hatte. Alt war der Baum, knorrig, die Äste waren so dick, dass man bequem darauf sitzen konnte. In diesem Baum saß Adele oft und hing ihren Träumen nach. Die Birnen im Herbst waren wunderbar saftig und köstlich. Die Mutter hatte die Früchte zu 'Kleazen' verarbeitet und im Winter süßes Birnenbrot gebacken.

Ende des Sommers fädelte sie an Schnüren Birnenscheiben auf und spannte sie in langen Reihen an der sonnenbeschienenen Hauswand auf. Dann deckte die Mutter mit einem alten Tüllvorhang das Ganze ab. Nach ungefähr einer Woche waren die Birnenscheiben so eingetrocknet, dass man sie von den Schnüren ziehen und in vorbereitete saubere Leinensäcke füllen konnte.

Sabina setzte diese Tradition fort und versorgte Adele und den Vater mit Früchten und dem Früchtebrot, aber vom Platz zum Träumen war sie nun abgeschnitten durch die Mauer, die der Schwager sofort nach der Hochzeit als Begrenzung des Grundstücks hochgezogen hatte. Diese Mauer war nicht so hoch, dass man sich nicht gesehen hätte, aber es war eine Linie, hier unseres, dort eures. Und so suchte sich Adele nun einen neuen Lieblingsplatz. Seit der untere Hof zu Sabinas Wohnung gehörte, hatte der Vater auch seinen Bienenstand aufgelassen und einen neuen kleinen Holzschuppen auf dem oberen Hof gebaut. Der Marillenbaum davor war jedoch noch ziemlich schmächtig im Vergleich zum alten Birnbaum, aber auch er lieferte viele köstliche Früchte.

Adele zog aus der Schürzentasche ein kleines Foto mit gezacktem Rand und schaute träumerisch auf das seltsame Würfelhaus. Es stand frei da, wie eine weiße Schachtel. Dort hätten alle Häuser ein flaches Dach und eher kleine Fenster, damit es im Inneren möglichst kühl bliebe, erklärte ihr Viktor. Für das Haus hatte er schon eine Anzahlung geleistet, nach ihrer Ankunft wäre es das ihre. Auf einer Seite des Hauses werde er eine Pergola bauen für die wunderbar süßen Tafeltrauben, mit einer Bank und einem Tisch im Schatten.

Kurz vor seiner Abreise hat Viktor ihre Hand genommen und ihr eindringlich geschildert, dass an der Rückseite des Hauses ein größerer Schuppen gebaut werden solle. Dort in einer Ecke des Schuppens würde ein Unterstand für einen Esel vorbereitet werden. Die Pfade dort seien steil, trotz der neu erbauten Straßen würden noch immer Lasten mit Eseln transportiert. Weiterhin ihre Hand festhaltend, meinte er: »Den Esel, den schenk ich dir, und du kannst damit den Pfad hinunter zum Meer nehmen und täglich schwimmen, das magst du ja so gern, nicht wahr? Du wirst zwar ganz allein sein am Strand, die Frauen dort gehen nicht zum Schwimmen. Die meisten der einheimischen Frauen tragen diese schwarzen Tücher, sie bleiben in ihren Häusern, man sieht sie kaum. Aber bei den Frauen in der Einwanderungsgruppe wirst du sicher Freundinnen finden.«

Sie würde als verheiratete Frau dort ankommen, ob die anderen Frauen sie aufnahmen? An wen würde sie sich wenden können, mit Fragen, mit Sorgen? Viktor wäre ja tagsüber bei der Arbeit. Würde sie zurechtkommen, allein in einem fremden Land?

In dem neu erbauten Einwandererdorf wurde italienisch gesprochen, das beruhigte sie, das war die Sprache, die sie sieben Jahre lang in der Schule gelernt und gesprochen hatte, und mit der Zeit würde sie sogar noch ein wenig Griechisch lernen.

Nun waren es noch zwei Monate bis zur Hochzeit, der Vater war vor wenigen Wochen nach Innsbruck gezogen, aber er hatte Sabina das Versprechen abgenommen, Adele bei den Hochzeitsvorbereitungen zu unterstützen. Das nahm die Schwester sehr ernst. Bettwäsche, Leinenhandtücher mussten – wie es seit jeher Brauch war – mit Hohlsaum versehen und mit Monogramm bestickt werden. Den Hausrat und einige wenige Einrichtungsgegenstände würden sie vor Ort kaufen.

1939

Ende Juni hatte es einige Tage geregnet, nun stand die Sonne wieder hoch und heiß am Himmel. Adele und Viktor griffen lachend und gleichzeitig nach dem rutschigen Holzbalken, der das seichtere Uferwasser vom tiefen Wasser trennte und als Grenze für Nichtschwimmer eine Orientierung darstellte. Adele und Viktor waren schon seit gut einer Stunde im Wasser, sie hatten gemeinsam mit kräftigen Schwimmzügen die südliche Bucht durchpflügt. Nun spürte Adele langsam ein Ziehen in Armen und Beinen, nun wollte sie etwas verschnaufen. Beide zogen sich an dem etwas glitschigen Holzbalken in die Höhe und suchten ganz nahe nebeneinander, sich in eine bequeme Sitzposition zu bringen. Vom nahen Ufer her rief Viktors jüngerer Bruder:

»Haltet still, ich mach euch ein Foto!«

Eigentlich wollte sich Adele noch rasch die eng anliegende Badekappe abstreifen, aber Viktor hatte ihr schon lachend einen Arm um die Schultern gelegt, die andere Hand brauchte sie, um sich aufzustützen, und so strahlte sie einfach glücklich und entspannt in die Kamera.

Noch nie in ihrem Leben war sie so glücklich gewesen. In sechs Wochen würden sie heiraten. Sie spürte seine noch vom Wasser kühle Haut an ihrem Schenkel und warf ihm einen kurzen verliebten Blick zu. Sie sah an sich hinunter, ihr tannengrüner Badeanzug wirkte beinahe moosgrün vor Nässe und stand im starken Kontrast zu ihrer schneeweißen Haut. Viktor neben ihr war braungebrannt.

»Schneeweißchen und der schwarze Mann«, rief der Bruder lachend, und Viktor tätschelte ihr liebevoll den Rücken und meinte:

»Vielleicht ist es besser, du legst dich nun ein wenig in den Schatten, dort unter dem Maulbeerbaum, damit du keinen Sonnenbrand bekommst.«

Adeles Gesicht und Arme waren gesprenkelt von Sommersprossen, Bauch und Schenkel aber waren bläulich weiß, wie entrahmte Milch. So, wie sie über ihr krauses, kupferrotes Haar gelästert hatte, so ärgerte sie sich über ihre blasse, sommersprossige Haut.

»Warum muss ich rotes Haar und Sommersprossen haben und zudem noch so einen blöden Namen!«

Sabina hatte nie Verständnis für ihre Ausbrüche. Nun, seit Viktor ihr immer wieder sagte, wie sehr sie ihm gefiele und dass er keine einzige Sommersprosse missen möchte, spürte sie so etwas wie eine Aussöhnung mit dem von ihr empfundenen Makel. Wenn andere junge Menschen, wenn Freundinnen Adele lautstark um ihr dichtes, gelocktes Haar beneideten, schaffte sie es nun lächelnd zu schweigen, statt spitz zurückzufragen: Wenn sie sich schon so sehr ihre Haare wünschten, ob sie dann auch ihre Sommersprossen wollen würden?

An den alten Maulbeerbaum hatten sie ihre Räder angelehnt, seine Krone war so ausladend, dass Adele bequem im Schatten ihre Decke ausbreiten konnte, während Viktor mit Josef zum alten Gasthof am See schlenderte, um Getränke zu holen. Der südliche Teil des Sees war noch eine wilde Aulandschaft mit hohen Bäumen, und dazwischen in den Senken zum See hin war dichtes Schilf. Weiter oben am Ufer gab es ein richtiges Strandbad mit Umkleidekabinen. Wenn Adele mit einer Freundin unterwegs war, so steuerten sie diesen Abschnitt des Ufers an.

Ihr war schon klar, dass Viktor ihr zuliebe den Tag am See verbrachte, er selbst wäre ohne Zweifel in aller Herrgottsfrühe bereits zur Jagd aufgebrochen, denn die war seine Leidenschaft.

Wie wird es sein, im Meer zu schwimmen? Ob ich mich wohl getraue? überlegte sie, während sie wahrnahm, dass der Badeanzug noch immer nicht trocken war. Nur mehr wenige Wochen, und sie würde es wissen.

1939

Drei rötliche, struppige Katzen strichen immer wieder um ihre Beine. Die Streunerinnen hatten mit ihrem sicheren Überlebensinstinkt sofort erfasst, dass es da etwas zu holen gab. Adele und Viktor saßen an einem der wenigen Tische vor der Trattoria, auf einem kleinen Platz, dem Campo dei Tolentini. Im Rücken hatte Adele die imposanten Säulen der Kirche, ihr Blick schweifte über den Platz hinaus auf den Kanal. Die Mitte des Tisches nahm eine große, ovale Fischplatte ein, die mit den unterschiedlichsten Fischen und anderen Meerestieren bestückt war. Viktor langte kräftig zu, Adele aber schob das ungewohnte Essen unschlüssig hin und her und ließ immer wieder unauffällig einige Bissen unter den Tisch fallen, die von den hungrigen Katzen sofort weggeschnappt wurden.

Sie griff zu ihrem Weißweinglas und trank einen Schluck, um die Enge in ihrem Hals zu vertreiben. Viktor wusste um ihre Niedergeschlagenheit, er unterbrach sein Essen, legte seine Hand auf die ihre und meinte tröstend und sich an das italienische Ambiente anpassend:

»Cocca mia, sei nicht traurig, jetzt warten wir einmal ab, aufgeschoben ist nicht aufgehoben!«

Adele war so sehr beschäftigt, ihre Tränen zurückzuhalten, dass sie kein Wort über die Lippen brachte. Es war erst wenige Stunden her, aber es schien ihr alles so irreal und weit entfernt. Kurz vor Mittag sollten sie am Hafen von Venedig sein, um 16 Uhr wäre das Schiff ausgelaufen. Geschlossene Büros, ratlose Menschen und in der Capitaneria dann die niederschmetternde Auskunft, dass die zivile Schifffahrt auf unbestimmte Zeit eingestellt sei. Deutschland habe Polen überfallen, ein Krieg stehe bevor.

Gestern Glückseligkeit, heute Absturz. Gestern die Hochzeitszeremonie am Morgen in der Kirche, dann das lustige Mittagessen an der Tafel im Hause ihrer Schwiegereltern. Viktor war der erste in der Familie der geheiratet hatte, daher waren sie das Ziel all der liebevollen Neckereien der jüngeren Geschwister. Dann die Fahrt in die Stadt zum Fotografen, die Bilder würden erst in einer Woche fertig sein, man hatte versprochen, sie ihnen nach Rhodos nachzuschicken.

Die Zugfahrt nach Trient und über die Val Sugana bis nach Venedig und ihr nie nachlassender Eifer, Details beschrieben zu bekommen, zu wissen wie es sein wird, ihr neues, gemeinsames Leben. Und Viktor der lachend meinte:

»Was soll ich dir noch alles erzählen, in wenigen Tagen wirst du es selbst erleben, mit deinen eigenen Augen sehen!«

Und nun von einem Tag auf dem anderen alles aus! Viktor, der schon ein wenig in der Welt herumgekommen war, ließ sich nicht so leicht aus der Fassung bringen. Sollte tatsächlich Krieg kommen, wäre es besser in der Heimat statt in der Ferne zu sein. Sie würden noch zwei Tage in Venedig bleiben, er würde das Gepäck zurückholen müssen, das sie einige Tage vorher schon aufgegeben hatten.

Wenn er enttäuscht und verwirrt war, so ließ er es sich zumindest nicht anmerken. Das gab ihr zwar Halt, aber zugleich verbot sie sich, ihm ihre abgrundtiefe Enttäuschung zu offenbaren. Sein Appetit jedenfalls war von der misslichen Lage in keiner Weise beeinträchtigt. Er zwinkerte aufmunternd, warf ihr eine Kusshand zu (daheim hätte er das nie gemacht) und widmete sich dann mit Hingabe der zweiten Orata, die Adele kaum angerührt hatte.

»Wenn ich morgen die Formalitäten im Hafen um die Rückgabe der Gepäcksstücke erledigt habe, mal sehen, ob sie uns auch die Schiffskarten zurückerstatten, dann hole ich dich im Hotel ab und wir schauen uns noch ein wenig hier in Venedig um. Ist das ein guter Vorschlag, meine Süße?«

Adele nickte, aber ihre Unterlippe zitterte verräterisch, ihre Augen schwammen in Tränen.

1943

Toni war drei Jahre alt. Ein aufgewecktes Kerlchen, das sich neugierig der Welt stellte. Seit kurzem waren Soldaten in Privathäusern einquartiert worden. Seit das Land zur Operationszone Alpenvorland ernannt worden war, gab es Soldaten aus dem deutschen Reich im Dorf.

Auch Adele und Viktor mussten in der leeren Schlafkammer vom Vater nun vier Soldaten beherbergen. Junge fröhliche Kerle, die den Toni wie einen kleinen Bruder behandelten, ihre Späße mit ihm trieben. Die kurze Zeit, bis sie weiter in den Süden verlegt würden, war für die Soldaten wie eine Art Erholungsurlaub. Einige von ihnen hatten, obwohl sie noch so jung waren, schon Furchtbares an der Ostfront erlebt. Wenn der Wein ihre Zungen löste, dann beschworen ihre gepressten, manchmal sogar weinerlichen Stimmen Schreckensszenarien herauf, die Adele erstarren ließen.

Überhaupt fühlte sie sich, seit fremde Menschen unter ihrem Dach einquartiert waren, ständig gespannt, als würde die Bedrohung des Krieges erst durch diese Soldaten plötzlich greifbar. Sie behandelten sie freundlich und höflich, aber da sie im gleichen Alter waren, schwang auch immer eine gewisse Nonchalance und Lockerheit mit. Toni, bestärkt dadurch, dass sie sich ständig mit ihm abgaben, habe in seiner kindliche Hybris einen Ausspruch getan, der über Jahre in der Familie kursierte. Adele habe ihn gerufen, er habe nicht geantwortet. Die Soldaten hätten ihn aufmerksam gemacht seine Mutter habe gerufen, warum er ihr denn nicht gehorche:

„Sie ist ja nur so ein Gitschele ...", sei seine Antwort gewesen, die im schallenden Lachen der Soldaten unterging.

Seit einer knappen Woche wohnte auch Ada bei ihnen. In kurzer Zeit war es nun in der kleinen Wohnung ziemlich eng geworden. Zum Glück war Viktor wie immer guter Dinge und die meiste Zeit des Tages als Wald- und Jagdaufseher der Gemeinde in den Wäldern unterwegs. Adele war glücklich, ihn noch zu Hause zu haben, viele Männer seines Alters waren schon zur deutschen Wehrmacht eingezogen worden. Aber wie lange noch? Viktor hat schon einige Male durchblicken lassen, dass ihm nicht ganz wohl dabei sei, dass der Gemeindearzt und das Gemeindeamt ihn als unabkömmlich vom Gemeindedienst beschrieben und damit die Einberufung auf unbestimmte Zeit hinausgezögert hatten.

»Ich bin natürlich froh, bei dir zu sein, aber ich will auch kein Drückeberger sein, du musst dich damit abfinden, dass ich diesem Arrangement nicht mehr zustimmen werde«, meinte er schließlich. Adele hatte das Gefühl, dass der Krieg nun immer engere Kreise um ihr kleines Leben zog.

»Spiegami, cosa cè da ridere?« Mit großen Augen schielte sie zu den Soldaten.

Ada, das verängstigte, zehnjährige Mädchen, hing den ganzen Tag an ihrem Rockzipfel. Adele war ihre Retterin,

Adele sprach mit ihr Italienisch und erklärte ihr die Welt ringsum, wenn auch oft etwas knapp und gehetzt.

Ada gehörte zu jenen Kindergruppen, die aus den Großstädten wegen der Bombenangriffe evakuiert worden waren. Sie war bei einer Nachbarsfamilie gelandet und hätte dort im Haushalt ein wenig mithelfen sollen. Aber dazu kam es nicht. Das Stadtkind, entwurzelt und orientierungslos, hineingeworfen in eine Welt, in der niemand gewillt war, seine Sprache zu sprechen, saß verzweifelt den ganzen Tag in einem Winkel und weinte.

„Verdammt, so kann das nicht gehen, eine weitere Esserin am Tisch, aber keine Hilfe!", brummte verärgert der Nachbar.

Das Häufchen Elend tat ihr leid, und so bot Adele der Nachbarsfamilie an, die Kleine zu sich zu nehmen. Dankbar und erleichtert klammerte sich die Kleine wie ein Äffchen an sie, und seither plapperte sie von früh bis spät mit Adele auf Italienisch, erzählte von zu Hause, von der großen Stadt, von Mailand. Während sie Ada etwas zerstreut zuhörte, dachte Adele daran, dass es nur wenige Jahre her war, dass der Vater ihr erklärt hatte, sie müsse sich das Zeichnen und Mailand aus dem Kopf schlagen.

»Hätte ich sie früher kennengelernt, hätte ich vielleicht eine Möglichkeit gefunden, bei ihrer Familie zu wohnen, aber nun ist Krieg und ich bin verheiratet.«

»Tu sei la mia fata, questo é il vestito piu bello che ho mai avuto!«

Adele war selbst überrascht, was aus der abgelegten Rüschenbluse von Frau Welsch entstanden war. Als sie sie ihr damals in die Hand gedrückt hatte, hatte Adele sie nur aus Höflichkeit angenommen. Der orange Grund mit den gelben Streurosen waren Farben, die ihre Haut noch blasser erscheinen lassen und mit dem Kupferton ihres Haares konkurrieren würden.

Nun tanzte Ada vor Freude über ihr neues Rüschenkleid. Sabina hatte der Kleinen eine dunkelblaue Jacke mit Zopfmuster gestrickt, aus einem Stoffrest hatte Adele noch eine Haarschleife gezaubert, und nun stolzierte die Kleine außer sich vor Freude auf und ab. Wenn Abends die Kinder zu Bett waren und es im Haus ruhig geworden war – Viktor, der Frühaufsteher ging auch sehr früh schlafen – dann funktionierte Adele den großen Küchentisch zum Zuschneidetisch um. Zwischen 9 Uhr abends und Mitternacht waren ihre kreativsten Stunden. Sie nähte Hemden für Toni und Viktor, sogar ihre Schwiegermutter äußerte sich voller Anerkennung, wie fesch Adele ihre 'beiden Männer' ausstaffiere und das bei knappen Mitteln mitten im Krieg.

1945

»Geben Sie die Fotos raus, oder ich knall Sie nieder!« Adele schaute gelähmt vor Angst zwischen der auf sie gerichteten Gewehrmündung und dem bleichen, ausgemergelten Soldatengesicht mit flatternden Lidern hin und her.

»Vor zwei Jahren waren meine Freunde bei Ihnen einquartiert, ich war damals zu Besuch, wir haben Fotos gemacht, die müssen Sie noch haben.«

»Geben Sie mir einen Augenblick Zeit, in der Tischschublade habe ich unsere Familienfotos und wahrscheinlich auch diese ....«

Wie graue Kieselsteine mit winzigen stecknadelgroßen Pupillen starrten die Augen des Soldaten aus einem verzerrten Gesicht. Die Situation war irreal, keiner im Haus, der ihr helfen könnte. Mit einer unwilligen Bewegung dirigierte er sie zum Küchentisch, den Gewehrlauf immer noch auf sie gerichtet.

Mit zitternden Händen öffnete Adele die Tischschublade, nahm das dunkelbraune, ledergebundene Fotoalbum heraus und öffnete die letzten Seiten. Aber da war nichts. In der Schublade Kinderzeichnungen von Ada, aber darunter – endlich! – ertastete sie mit zitternder Hand das kleine Foto, die fröhliche Soldatenrunde rund um den Küchentisch.

»Das da…?« Ihr versagte die Stimme.

Der Soldat riss ihr das Foto aus der Hand, ein kurzer Blick auf das Foto, und mit gespenstischem Flüstern: »Alle tot, alle tot …!«

Immer noch den Gewehrlauf auf Adele gerichtet, bewegte er sich langsam rückwärts zur Küchentür. Adele sank halb bewusstlos auf den Stuhl, die Tür hatte sich geschlossen, und eine gespenstische Stille breitete sich im Raum aus. In der Luft hing der beißende Schweißgeruch des Soldaten, wie betäubt blieb sie sitzen.

„Ich bleib hier, bis Viktor wieder zurück ist, es kann sich nur um Tage handeln. Die Wehrmachtssoldaten, die nun ungeordnet ihren Rückzug aus Italien antreten, sind unberechenbar, ein jeder versucht jetzt noch, seine Haut zu retten."

Schwager Josef, der mit einer schweren Granatenverletzung im Bein zurück aus Murmansk war, wusste, nun war der Krieg aus, er würde nicht mehr zurück an die Front müssen. Viktor hatte im letzten Kriegsjahr in der nahen Stadt in einem Ausbildungslager die Einrückenden den Umgang mit Waffen gelehrt, die Front war ihm erspart geblieben. In diesen chaotischen Tagen war Adele froh, nach dem verstörenden Vorfall mit dem Soldaten, dessen Namen sie gar nicht kannte, nicht mehr allein mit den Kindern im Haus zu sein.

1949

Der Krieg ist vorbei, Viktor hat einen interessanten Posten bei der Forstbehörde der Provinz erhalten. Es geht aufwärts. Die drei Kinder Toni, Heiner und Elsa sind gesund und wachsen heran. Der Vater hat sich aus I. gemeldet. Er würde gern zurückkommen, ob das möglich sei, die beiden Töchter Sabina und Adele sollen das bereden. Von den Verwandten in I. hören sie, dass der Vater einen leichten Schlaganfall überstanden habe, eine kaum merkliche halbseitige Gesichtslähmung sei zurückgeblieben, aber an Arbeiten sei nicht mehr zu denken. Keine hohen Fabrikschlote mehr, auch keine Haushaltskamine, die er noch bezwingen und säubern könne.

Er hatte die Siebzig überschritten, es war Zeit für den Ruhestand. Die beiden Schwestern sprachen sich ab. Sabina meinte, für ihren Mann käme das nicht in Frage, die Wohnung sei zu klein. Adele schluckte eine scharfe Antwort hinunter, sie dachte daran, wie selbstverständlich der Vater sie damals aufgenommen hatte, als der Kriegsausbruch ihre Auswanderungspläne durchkreuzt hatte. Nun hatten sie zwar drei Kinder, aber diese würden auch in einem Schlafzimmer Platz finden, so dass der Vater wieder zurück in seine gewohnte Schlafkammer ziehen konnte. Und so kam es also. Viktor hatte nichts einzuwenden, auch ihm war es ein Anliegen, sich für die Großzügigkeit des Schwiegervaters auf diese Weise erkenntlich zu zeigen.

Die Kinder beäugten noch scheu den fremden, alten Mann, der ihnen als Großvater vorgestellt worden war. Das knapp dreijährige Mädchen, als jüngstes der drei Geschwister, fasste als erstes Zutrauen zu dem alten Mann. Elsa war es auch, die dazu beitrug, dass sich unmerklich tägliche Gewohnheiten herausbildeten, die wie kleine Rituale den Alltag des Goßvaters strukturierten. Er ging mit einem Stock, damit das rechte Bein, das er ein wenig nachzog, ihn beim Gehen nicht allzu sehr behinderte. Die kleine Elsa begleitete ihn bei seiner Vormittagsrunde.

Adele bemerkte gleich nach seiner Ankunft, dass ihr Vater schweigsamer geworden war, als sie ihn in Erinnerung hatte. Das kleine Mädchen aber stellte unbekümmert Fragen, und der Großvater antwortete ihr geduldig. Das Verhältnis zwischen dem Großvater und den Buben war nicht immer so entspannt. Wenn er ihnen etwa auftrug, frischen Klee für die Kaninchen zu rupfen, rannten sie zwar gleich los, kamen jedoch erst nach Stunden zurück, weil sie mit Freunden gespielt und den Tragekorb voll Klee beinahe vergessen hatten. Wenn sie dann erst in der Dämmerung heimkamen, schimpfte der Großvater.

Adele dachte an ihre eigene Kindheit zurück und an das geschlossene Hoftor. Damals lebte ihre Mutter noch:

„Auf der Straße lernst du nur Unsinn von den anderen Kindern, es ist besser, du bleibst hier!"

Wie sehr hatte sie sich nach draußen gesehnt, das sollten ihre eigenen Kinder nicht müssen. Daher ließ sie ihnen viel Freiraum. Wenn die Buben zum Essen zurück waren, dann passte es. Sie fand freundliche, ausgleichende Worte für den verärgerten Vater, aber machte auch den Buben keine weiteren Vorhaltungen. Und wenn dann Viktor von der Arbeit kam, alle ein wenig von ihrem Tag erzählten, dann fühlte sie sich glücklich.

Einige Jahre waren schon seit der Rückkehr des Vaters vergangen, sie hatten alle erstaunlich gut zueinander gefunden, da wurde der Großvater von einem weiteren Schlaganfall niedergestreckt. Diesmal war es ganz schlimm, eine halbseitige Lähmung machte ihn hilflos, auch sprechen konnte er nicht mehr. Adele hatte nun von einem Tag auf den anderen einen Pflegefall im Haus. Die Kinder mussten in die Schlafkammer des Großvaters ziehen, und den Großvater verlegten sie in das Durchgangszimmer, das zum ehelichen Schlafzimmer führte. So hatte sie ihn auch in der Nacht näher bei sich und konnte auf jeden seiner Laute reagieren.

Eine harte Zeit begann. Adele, die für gewöhnlich schlief wie ein Murmeltier, hatte nun einen zerrissenen Schlaf, auch in der Nacht brauchte es Pflege. Tagsüber kam Sabina und half ihr mit der Unmenge an Wäsche, die nun anfiel. Der Vater musste wie ein Kleinkind gefüttert und gesäubert werden. Zum Glück stand immer noch der große beheizbare Kessel in der Waschküche im Hof, die nun zu Sabinas Hausanteil gehörte. Dieser Waschkessel war nun fast jeden Tag im Einsatz. Sabina half tatkräftig mit, aber Adele hatte neben der Pflege des Vaters ja auch ihre eigene Familie zu versorgen. Sie fand kaum Zeit zum Essen, und wenn sie dann doch vor ihrem Teller saß, hatte sie der Hunger verlassen, sie war nicht im Stande, mehr als drei Bissen hinunter zu zwingen. Die Röcke und Kleider begannen zu schlottern, Viktor beklagte sich über die spitzen Knochen, die seien wie die einer fremden Frau, wenn sie erschöpft an seiner Seite einschlief.

1956

»Nun komm schon, du Glucke, so klein sind sie nicht mehr, sie kommen auch ohne uns für einen Tag bestens zurecht!« Viktor wedelte mit dem Motorradschlüssel vor ihrer Nase herum.

»Jetzt will ich alle heiligen Zeiten einmal mit meiner Frau einen Ausflug machen, aber sie kann sich von ihrer Brut nicht trennen!«

Adele sah, wie sich über seiner Nasenwurzel eine steile Falte bildete, sie wusste, noch war Viktor lustig, ironisch unterwegs, aber bald würde seine Stimmung umschlagen. Darauf wollte sie es nicht ankommen lassen. Er hatte ja Recht, Toni war nun 16 Jahre alt, Heiner zwölf und Elsa zehn, und außerdem konnten sie sich jederzeit an Sabina wenden, nebenan im Haus. Sie griff zu ihrem Kopftuch und dem leichten Sommermantel, schnappte sich ihre Handtasche und schlüpfte an Viktor vorbei zur Haustür hinaus.

Das neue Motorrad, ein Steyr-Daimler-Puch, war sein ganzer Stolz. Ziel war jene Passhöhe im Mittelgebirge, mit mondänem Hotel aus der Kaiserzeit, nun aber ganz in Vergessenheit geraten, gewissermaßen der Hausberg dieser Gegend. Freunde hatten dort wie viele andere aus dem Dorf ein Ferienhaus für die Sommerfrische. Es war ein geselliges Leben, die Männer spielten Karten oder Boccia, die Frauen saßen bei Kaffee und Kuchen zusammen und tratschten über dies und das.

Die Bergstraße mit ihren vielen Kehren würde für Adeles Magen eine Herausforderung werden, viel lieber würde sie mit der Zahnradbahn zum Pass fahren, aber Viktor wollte davon nichts wissen, er genoss es, die Bergstraße mit der neuen Maschine zu fahren. Während sie ihre Arme um seine Mitte legte und ihren Kopf an seine Schulter lehnte, dachte sie, dass Viktor wohl recht habe: Die Kinder waren aus dem Gröbsten heraus, nun könnten sie als Paar wieder mehr miteinander unternehmen. Ihre Schwester hatte ihr vor nicht langer Zeit nahegelegt, sie solle sich etwas mehr ihrem Mann widmen, sonst täten es andere.

Sabina musste wohl was wissen, aber Genaueres war nicht aus ihr herauszubringen. Adeles Mann war kein Kostverächter, durch seine unbekümmerte fröhliche Art hatte er überall Bekannte und Freunde. Als Wald- und Jagdaufseher für den Bezirk hatte er ein großes Gebiet zu betreuen, wie es seinem Naturell entsprach hatte er im ganzen Gebiet ein weitläufiges Netz an Bekanntschaften und Freundschaften. Wenn Adele bei einem ihrer Sonntagsausflüge ihn begleitete, so meinte sie ihrer Schwester gegenüber lachend, er habe fast nie beide Hände am Lenker, weil er ständig jemanden im Vorbeifahren mit einem freundlichen Handzeichen grüße.

Es war ihr nicht entgangen, bei einem der letzten Ausflüge, in dem Gasthaus an der Dolomitenstraße, wie die Tochter der Wirtin mit einem koketten Augenaufschlag wie eine schnurrende Katze um ihren Mann herumgestrichen war. Er grinste, so unangenehm war es ihm offenbar nicht. Auf der Rückfahrt hatte Adele sich ihren Ärger anmerken lassen:

»Als ob ich gar nicht dagewesen wäre! Sie hatte nur Augen für dich, das kleine Luder!«

Adele musste richtig schreien, dass er sie verstand, der Fahrtwind pfiff ihr um die Ohren. Er lachte aus voller Kehle, warf den Kopf zurück und meinte:

»Wegen dem jungen Gänschen wirst du wohl nicht eifersüchtig sein?«

1958

Es ist still in der Küche, das Feuer im Herd ist erloschen. Sie sitzt wie betäubt am Küchentisch und starrt mit leeren Augen zur Wand. Achtundzwanzig Tage ohne ihn. Achtundzwanzig Tage mit eisernem Willen aufstehen, die Familie versorgen, die tägliche Routine verrichten, die der Haushalt ihr abverlangt, mit schmerzenden Gliedern, mit leerem Kopf, wie grippekrank, ein eiserner Ring um die Brust. Wenn die Kinder außer Haus sind, in der Schule, in der Lehre, die Jüngste bei den Nachbarn, die sie immer wieder für ein paar Stunden holen und liebevoll verhätscheln, dann schleppt sie sich zum Küchentisch, sitzt zusammengesunken am Stuhl, rührt sich nicht, als wäre alles Leben aus ihr gewichen. Wären da nicht die Kinder, besonders die Jüngste, sie wüsste nicht, wofür sie noch leben sollte.

Immer wieder die gleichen Bilder, jener warme Septembertag, die Sorglosigkeit bei der Weinlese.

„Wie kann es sein, dass ich nichts geahnt habe?“ Weintrauben im Mund und fröhliche Worte.

Aber die Jüngste, die Nachzüglerin, mit ihren verzweifelten Rufen nach dem Vater, hat niemand verstanden, auch die größere Schwester konnte sich keinen Reim machen auf dieses seltsame Verhalten. Fieber, der Beginn einer Kinderkrankheit vielleicht. Und dann gegen Mittag, als sie beim Essen waren, die Nachricht, die alle erstarren ließ, die Welt schien angehalten zu sein, ohne Ton, alle Geräusche verstummt, ein großes Schweigen hat sich über sie alle gelegt. Und dann immer die gleiche Frage, die in ihrem Kopf kreist: Warum? Immer wieder bei Tag und bei Nacht sein wächsernes Gesicht mit den schon erkalteten Wangen, über die hilflos ihre Fingerspitzen huschen, im Tode noch die steile Kerbe zwischen Stirn und Nasenwurzel, sie kannte dieses Zeichen von Spannung und Ärger bei ihm. Als wären seine Pläne durchkreuzt worden, nicht so früh, nicht, solang die Kinder noch jung sind…

In wenigen Tagen ist Allerheiligen und Allerseelen, vor wenigen Wochen erst haben sie die verdorrten Kränze vom Grabhügel genommen. Blaue Astern aus dem Garten und weiße Chrysanthemen würde sie ihm bringen, keine gelben, gelbe Blumen mochte er nicht.

Es ging auf Mittag zu, sie musste Feuer machen und zusehen, dass sie rechtzeitig das Essen auf den Tisch brachte. Es kostete sie große Überwindung, aber sie wollte es schaffen. Wenn alle drei Größeren und die Jüngste am Tisch saßen, dann stellte sich manchmal so etwas wie harmloser Alltag ein, wenn sie durcheinander redeten und kräftig zulangten mit dem Hunger der Jugend. Diese Augenblicke waren kurz, die Trauer und der Verlust sickerten immer wieder in ihren Kreis, meistens genügte schon der Blick auf seinen Platz, der leer blieb, und die Gespräche wurden zögerlich und verstummten ganz, und dann hatten alle den Kloß im Hals, und die nicht leer gegessenen Teller waren Zeugen ihrer aller Verzweiflung.

Toni, der schon bald seine Lehre abgeschlossen haben würde, fühlte sich nun verantwortlich, fühlte sich als Oberhaupt der Familie. Er versuchte Adele finanziell zu unterstützten und gab ihr monatlich einen Teil von seinem eher kargen Lohn. Aber sie wollte ihn nicht belasten, er sollte sich ein eigenes Leben aufbauen.

Finanziell würde sie über die Runden kommen, der Gemeindesekretär hatte sich tatkräftig eingesetzt, alles in die Wege zu leiten, damit Adele eine Witwenpension beantragen konnte. Die drei Großen würden einen Beruf erlernen und in wenigen Jahren auf eigenen Füßen stehen. Die Jüngste würde noch lang bei ihr bleiben, als Aufgabe und als Trost. Sabina und Ernst, die kinderlos waren und die Kleine oft zu sich ins Haus holten, hatten schon vorsichtig nachgefragt, die Kleine zu adoptieren, es könnte eine Erleichterung für Adele sein, meinten sie. Aber die Jüngste, die in dem einen Jahr, welches das Schicksal ihnen gemeinsam ließ, Viktor zu einem hingebungsvollen Vater gemacht hatte, dieses kostbare Vermächtnis würde sie niemals weggeben.

Während die Kleine zu ihren Füßen vor sich hin brabbelte und mit leeren Keksdosen und Holzklötzen spielte, hing Adele ihren Erinnerungen nach. Wie in einem Bilderbuch blätterte sie und kehrte in Gedanken immer wieder zu bestimmten heiteren Szenen zurück.

Das abendliche Weinen des Säuglings und die Beruhigungstherapie des Vaters: wie er das Kinderbettchen an seine Bettseite schob und der Kleinen seine Hand auf den Kopf legte. Ein paar leise Worte, und die Kleine beruhigte sich. Dieses abendliche Ritual funktionierte immer, und er war stolz darauf, dass die Kleine sich nur von ihm beruhigen ließ.

Sie erinnerte sich an seine Wette, die er mit anderen Gemeindebediensteten am Dorfplatz abgeschlossen hatte. Er hatte behauptet, es sei seine Jüngste, deren Geschrei aus dem offenen Fenster der Mütterberatungsstelle zu hören war, ihre kräftige Stimme kenne er. Sofort wurde die abstruse Behauptung überprüft, und tatsächlich, die Kinderschwester bestätigte, welches Kleinkind eben untersucht worden war und mit kräftiger Stimme sich dagegen gewehrt hatte.

Damals war er wieder bei der Gemeinde angestellt, nachdem es auf seinem früheren Posten einen Eklat gegeben hatte, weil er von seiner Waffe nicht Gebrauch gemacht und die Wilderer davongekommen waren. Das war eine ungute Geschichte gewesen, man hatte es ihm fast als Beihilfe ausgelegt. Es gab vermutlich Strippenzieher, die es auf den attraktiven Posten abgesehen hatten.

Adele erinnerte sich, wie sie selbst überrascht, amüsiert und freilich auch stolz war über die überschwänglich gelebte Vaterliebe ihres Mannes. Dieses späte Kind, das in so großem Abstand zu den anderen Geschwistern geboren worden war, brachte Seiten an ihrem Mann zum Vorschein, die sie vorher, als die ersten Drei klein waren, an ihm noch nicht entdeckt hatte. Er war nun älter, gesetzter und zeigte ungenierter seine Freude und Begeisterung über den Nachwuchs.

Nach 11 Jahren war also nochmals ein Kleinkind im Haus, während die anderen Geschwister schon an der

Schwelle zum Erwachsensein standen, es war eine beachtliche Lebensveränderung für Adele und Viktor.

Sie hatte mit großem Einsatz und mit Hingabe ihren Vater zwei Jahre lang gepflegt, der Tod war schließlich eine Erlösung für beide, für den leidenden gelähmten Vater und für die chronisch müde und überforderte Tochter. Nun, da kein kranker Großvater mehr zu pflegen war, die drei Kinder langsam eigene Wege anpeilten, nun plötzlich waren wieder Windeln und Milchfläschchen ins Spiel gekommen. Adele dachte daran, wie ihr der Frauenarzt die Möglichkeit einer Abtreibung angeboten hatte. Aber das wäre für sie niemals in Frage gekommen, und auch Viktor hatte sich auf den Nachwuchs gefreut.

An diesen Erinnerungen hielt sie sich fest, und sie beschwor sich durchzuhalten, nicht im Kummer zu ertrinken, das war sie den Kindern und Viktor schuldig.

Adele spürte die kleine Hand an ihrer Wade, die Kleine suchte ihren Blick und sagte: »Mama, nicht weinen!« Adele erzählte es auch ihrer Schwiegermutter, sie war immer wieder überrascht und beeindruckt, welche feinen Antennen für Stimmungen die noch nicht Zweijährige besaß. Sie schien absolut in ihr Spiel vertieft, aber wenn Adele nur daran dachte, den Raum zu verlassen, noch keinen Schritt in Richtung Tür gemacht hatte, hörte sie schon: „Mama, nicht fortgehen!" Das Kind reagierte auf Gedanken und Stimmungen, so eng war die Bindung zwischen ihnen, das war ihr immer wieder Ansporn und Verpflichtung, die Trauer zu überwinden.

1960

Adele öffnete den Wäschekorb und ließ Wasser in die Badewanne laufen. Noch blieb die Waschmaschine nur ein Traum, die würde sie sich noch einige Jahre lang nicht leisten können. Aber allein schon das hellgrün geflieste Bad mit dem weißen Porzellanbecken und dem weißen Klo mit Wasserspülung erschien Adele als großer Luxus. Seit einem Jahr war es nun eingebaut, die drei älteren, nun schon fast erwachsenen Kinder hatten es sehr begrüßt.

Sie greift zum Waschmittelkarton, hebt den Deckel an, um einen Becher voll Waschpulver zu entnehmen, da muss sie feststellen, dass das Pulver zu einem festen Block verklebt war, offensichtlich ist irgendwie über den Karton Feuchtigkeit eingedrungen. Sie stellt den Karton am Wannenrand auf den Kopf, erst langsam und nach mehrmaligem Schütteln löst sich der Block aus dem Karton heraus. Sie stellt ihn auf den breiteren Rand an der Ecke der Wanne, sie betrachtet den körnig-weißen Block. Hastig dreht sie sich um und ist mit wenigen, schnellen Schritten über den Gang in der Küche. Sie holt sich aus der Lade im Küchenschrank ein mittelgroßes Messer, das eigentlich stumpf ist und längst geschliffen werden müsste. Zurück im Bad geht sie vor dem weißen Block in die Hocke und beginnt mit dem Messer die Kanten abzuschaben und ihn rund zu machen. Schädel und Stirn hat sie recht bald herausgearbeitet. Nun legt sie den Block der Länge nach auf den Wannenrand, um Nase und Augenhöhlen besser modellieren zu können. Irgendwo in ihrem Gedächtnis ist ein Bild von großen steinernen Köpfen auf der Osterinsel aufgetaucht, es war wohl ein Expeditionsbericht in einer Zeitschrift aus der Leihbücherei gewesen. So ähnlich stellt sie sich den Kopf vor, der in diesem Block stecken könnte.

Mittlerweile hat sie sich ein Wäschestück aus dem Wäschekorb unter die schmerzenden Knie gezogen, wie im Fieber raspelt sie aus dem weißen Block die Züge eines stilisierten Gesichts heraus. Die Augenhöhlen mit den Augäpfeln, diese halb verhangen von schweren Lidern, den Nasenrücken, fast eine gerade Linie mit der Stirn bildend, sie arbeitete sich schnell und zielstrebig voran. Sie kerbt vorsichtig die Seiten, die Wangen ein und beeilt sich dann, den Block wieder in die Senkrechte zu stellen. Mit unterdrücktem Stöhnen richtet sie sich auf, der kalte Steinboden und die unveränderte Haltung haben ihre Knie schmerzhaft versteift. Mit zusammengekniffenen Augen dreht sie langsam den Kopf vor sich, Mund und Kinnpartie muss sie noch modellieren, der obere Teil ist schon so gut wie fertig.

Nochmals setzt sie an den Nasenflügeln die Klinge an, um diese deutlicher einzukerben. Ein wenig mehr Druck auf die Messerspitze und plötzlich: zwei Drittel des Nasenrückens platzen mit einem trockenen Geräusch ab und verschwinden im klaren Wasser der Badewanne. Scharf zieht sie den Atem ein und unterdrückt einen Aufschrei, hält inne. Schließlich gibt sie dem ramponierten Kopf einen Schubs, er kippt ins Wasser und zerbricht in unregelmäßige Teile. Wie in Trance, immer noch am Wannenrand in der Hocke, zieht sie an der Schnur, bis sich der Stöpsel löst und das Wasser gurgelnd abzulaufen beginnt. Im Wasserstrudel tanzen kleine weiße Bröckchen, es dauert eine Weile, bis das Wasser abgeflossen ist, zurück bleibt am Wannenboden ein glitschiger weißer Haufen.

1961

So verschieden sie beide als Schwestern auch waren, eines verband sie: die Freude am Lesen. Sabina war einem Leseclub beigetreten, nun bekam sie jeden Monat mit der Post ein Buch zugesandt. Die Reihen mit den braunen Kunstledereinbänden und der goldgeprägten Schrift am Buchrücken füllten nun schon zur Hälfte Sabinas Bücherschrank, ihr ganzer Stolz.

Der Schrank mit den Glasfronten war jedoch nur zu zwei Dritteln Bücherschrank, im restlichenTeil, durch eine Längswand abgetrennt, standen drei Jagdgewehre, denn Ernsts Leidenschaft war die Jagd. Wenn das Sonnenlicht vormittags in breiten Bahnen durch das Fenster fiel, glänzten die Metallbeschläge der Gewehre ebenso wie der Golddruck auf den Buchrücken. Dieser Schrank barg die Zeugnisse ihrer jeweiligen Leidenschaften. Ernst meinte, neben seinen Gewehren sei der rechte Platz für die geistige Munition seiner Frau.

Aber eigentlich wurde das Zimmer von den Jagdtrophäen dominiert, Reh- und Hirschgeweihe zumeist. Aber am meisten beeindruckte der große Uhu. Ausgestopft und als Lockvogel für die Jagd gedacht, konnte man an einer Schlaufe zwischen seinen krallenbewehrten Beinen ziehen, dann hob der mächtige Vogel seine Flügel leicht an und bewegte den Kopf von links nach rechts und zurück. Das wirkte sonderbar lebendig und immer auch ein wenig beängstigend. Der Vogel thronte direkt über dem Kanapee mit der Häkeldecke und den vielen Kissen mit Jagdmotiven. Dort hielt Ernst seinen Mittagsschlaf.

Gegenüber dem Kanapee befand sich der große dunkel gebeizte Tisch mit der Eckbank und den Stühlen, eine größere Familie hätte leicht dort Platz gefunden, aber Sabina und Ernst waren kinderlos geblieben.

Adele, die sich bislang ihren Lesestoff aus der Pfarrbibliothek besorgt hatte, wurde nun von Sabina mit Büchern versorgt. *Christin, Lavranstochter* oder *Serengeti darf nicht sterben* waren Bücher, die die beiden Schwestern in andere Jahrhunderte und andere Kontinente entführten. Da standen sie denn an der Mauer, die nun den Garten und den Hofraum der jeweiligen Wohnung begrenzte, und konnten sich begeistert und verzaubert über Episoden aus den jeweiligen Romanen austauschen.

Dieses begeisterte Schwärmen entspann sich ganz unvorhergesehen und zu den verschiedensten und oft unpassendsten Tageszeiten. Sabina wollte noch schnell Salat aus dem Garten holen, Adele hatte schon die Einkaufstasche in der Hand, um vor Ladenschluss zu Mittag noch rasch ein paar Lebensmittel zu besorgen. Eine Frage von Sabina: »Wie weit bist du mit dem neuen Buch?« oder ein über die Schulter geworfener Kommentar von Adele: »Gestern hab ich bis weit nach Mitternacht gelesen, ich konnte nicht aufhören!« und schon waren beide mittendrin. Sie warfen sich Szenen wie Bälle zu, verglichen die Dramatik der Handlung mit ihrer Lebenserfahrung und ihren Einsichten, selbstvergessen und enthusiastisch. Bis eine der beiden plötzlich aufschreckte und überstürzt in den eigenen Alltag und zu den jeweiligen Pflichten zurückkehrte, während die andere noch träumerisch in Gespräch und Gedanken verweilte und dann erst zögernd, fast widerstrebend, in die eigene Welt zurückging.

Für Adele war das Lesen seit Viktors Tod noch bedeutsamer geworden als es vorher war. Die drei ältesten Kinder waren dabei, sich ihren Platz im Leben zu suchen. Berufliche Ausbildung, Freunde und erste Lieben waren distanzierende Mosaiksteine für ihr jeweils eigenes persönliches Leben. Höchstens am Wochenende waren noch alle rund um den Mittagstisch versammelt, sonst war es ruhig geworden. Adele und ihre Jüngste hatten zu einem ruhigen, stillen Alltag gefunden, der Schmerz ließ mit den Jahren etwas nach, aber eine Leere blieb, die Adele wenigstens für Stunden mit einem spannenden Roman zurückdrängen konnte. In den ersten Jahren ihrer Witwenschaft hatte es den einen oder anderen Mann gegeben, der Interesse an ihr gezeigt hatte.

Aber für Adele war es unvorstellbar, eine neue Beziehung einzugehen. Sie konnte sich nicht vorstellen, ihre Zuwendung zwischen den Kindern und einem neuen Mann aufzuteilen.

Sie lebte zurückgezogen, sie beteiligte sich weder am Vereinsleben im Dorf, noch fand sie Halt in der Religion, wie andere Frauen. Mit der Zeit wurden auch ihre sonntäglichen Kirchenbesuche immer seltener und blieben irgendwann ganz aus. Viele Jahre später erwähnte sie ihrer nun schon erwachsenen Jüngsten gegenüber, dass sie beim Zusammenläuten, das der Messe vorausgeht, oft ein schmerzliches Gefühl des Nichtdazugehörens empfinde, dass ihre kritische Distanz zur heuchlerisch wahrgenommenen kirchlichen Macht ihr es jedoch unmöglich mache, Trost und Sinn in einem Messebesuch zu finden.

Diese kritische Distanz hatte auch die Tochter übernommen und oft mit Staunen festgestellt, dass die Mütter ihrer Schulkameradinnen religiöse Pflichten von ihren Töchtern einforderten, die ihr abstrus und aus der Zeit gefallen erschienen.

1962/63

Adele schloss die Kanzleitür und blickte für einen Augenblick gedankenverloren auf die polierten Treppenstufen. Ihr Herz klopfte unregelmäßig, sie fühlte sich kurzatmig. Den Aufzug würde sie dennoch nicht nehmen, zu eng und zu stickig. Mit mäßigem Tempo und etwas zittrigen Knien stieg sie die drei Stockwerke hinunter, vorbei an Versicherungsgesellschaften und Arztpraxen. Bis ihr Bus zurück ins Dorf fuhr, hatte sie noch etwas Zeit. Ganz in der Nähe befand sich das Café Schuberth, dort würde sie sich einen Cappuccino und ein Nusshörnchen gönnen und nochmals in Ruhe ihre Entscheidung Revue passieren lassen.

Professionell zeichnen lernen im Fernstudium! – Diese Anpreisung und die gekonnt hingeworfene Skizze eines Frauenkopfs fesselten ihre Aufmerksamkeit beim Durchblättern einer Frauenzeitschrift, die ihre Schwägerin beim letzten Sonntagsausflug ihr überlassen hatte. Es war eine Werbeanzeige, wie andere für Gartenhäuser oder Urlaubsreisen. Wäre nicht die Skizze des Frauenkopfs dabei gewesen, hätte sie die Anzeige wahrscheinlich überhaupt nicht beachtet.

Adele war ganz erregt: Zeichnen lernen sollte ihr nun sogar von daheim aus möglich sein, vielleicht könnte nun in späten Jahren ihr Traum doch noch in Erfüllung gehen! Zeit hätte sie ja, und mit der Witwenrente käme sie finanziell soweit über die Runden, so dass die Kursgebühren vielleicht erschwinglich wären.

Nach einigen Tagen des Überlegens hatte sie das Bewerbungsschreiben abgeschickt, ohne mit Sabina oder jemandem aus der Verwandtschaft darüber zu sprechen. Nach Erhalt der positiven Rückantwort und der getätigten Einzahlung erhielt sie auch schon per Post die ersten Aufgaben, etwa einfache Stillleben, vorgegebene Kompositionen mit ganz bestimmten Schraffur-Techniken auszuführen. Das notwendige Zeichenmaterial, das zu besorgen war, eine Literaturliste mit hochpreisigen Fachbüchern, die Aufgabenstellungen, die ein tägliches mehrstündiges Üben erforderten, sowie die Tatsache, dass sie ganz allein auf sich gestellt war, weil sie bislang mit niemanden über dieses Vorhaben gesprochen hatte, ließen sie plötzlich zweifeln. Sie fühlte sich dem Ganzen nicht mehr gewachsen.

In den nächsten Wochen musste sie erfahren, dass sie einen Vertrag unterschrieben hatte und daher nicht so ohne weiteres wieder aussteigen konnte. Sie hatte das Gefühl, in eine Falle getappt und auf unüberlegte und kindische Weise ihren Jugendträumen nachgelaufen zu sein. Adele, die ihren

Vierziger schon überschritten hatte, eine gestandene Frau und Mutter sollte sich solche Extravaganz nicht leisten. Außerdem hatte sie reichlich zu tun, um für die Jüngste zu sorgen, auch wenn die älteren Kinder mehr oder weniger bald auf eigenen Beinen stehen würden.

So entschloss sie sich, einen Rechtsanwalt in der Stadt aufzusuchen. Ihm erklärte sie ihre Lage und ihre Zweifel, er würde ihr aus dieser Situation heraushelfen.

Über die Tasse Cappuccino ins Leere blickend, begrub sie ihre Träume, die Rechtsanwaltskosten waren überschaubar. In Gedanken fügte sie diese Erfahrung in eine lange Kette von Rückschlägen ein, die mit den zerplatzten Auswanderungsträumen an ihrem Hochzeitstag begonnen hatte. Der Tod ihres Vaters, der Tod ihres Mannes, und nun diese unglückliche Entscheidung! Mutlos und niedergedrückt machte sie sich auf den Weg zum Busbahnhof. Dennoch vergaß sie nicht einen Laib dunklen Korianderbrotes beim Bäcker an der Ecke mitzunehmen, dieses duftende Brot war eine Besonderheit, die es im Dorf nicht gab. Ihr Nesthäkchen, Eva, würde sich darüber freuen.

1962

Adele schritt mit ihrer jüngsten Tochter an der Hand durch das große Portal auf das Pensionat zu. Sie fühlte sich unsicher, fast verschreckt. Das noble Haus, die vielen fröhlichen Menschen, die in Gruppen herumstanden, alles wirkte einschüchternd auf Adele. Sie war richtig erleichtert, als sich aus einer Schar fröhlich plappernder Mädchen ihre Tochter Elsa herauslöste und freudestrahlend auf sie zukam. Adele war glücklich darüber, wie ihre Tochter das Leben anpackte. Sie war ja erst zwölf gewesen, als Viktor starb. Aus dem verunsicherten, verschreckten Küken war ein pflichtbewusstes, zielstrebiges, aber lebensbejahendes Mädchen geworden.

Elsa geleitete ihre Mutter zu einer Gruppe anderer Frauen, denen eine Ordensschwester das Haus zeigen und erklären würde, wie das Leben im Heim ablief. Unterdessen würde Elsa sich um die jüngste Schwester kümmern.

Nach der ausgedehnten Führung und den etwas umständlichen und nicht ohne Strenge vorgebrachten Erklärungen der Ordensschwester war Adele wieder im Freien angelangt und blickte sich suchend nach ihren beiden Töchtern um. Rund um einen Gartentisch sah sie einen Pulk kreischender Mädchen und mitten drinnen, wie auf einer Bühne auf dem Tisch stehend, ihre Jüngste. Sie hielt kurz inne, um sich einen Reim zu machen auf das, was vor sich ging, hörte auch schon zwischen dem Lachen und den anfeuernden Fragen der Mädchen, wie ihre Jüngste die Fahrt in die Stadt schilderte. Adele schaute aus einer gewissen Entfernung sprachlos auf die Szene, so kannte sie ihre jüngste Tochter gar nicht. Wie war es möglich, dass das ruhige, schüchterne Kind nun unter fremden Menschen so ungeniert dahinplauderte? Sie hörte das kindliche Prahlen ihrer Tochter, die den amüsierten Zuhörerinnen gerade plastisch schilderte, wie der Bruder Toni mit dem neuen Auto, dem Topolino, so schnell in die Kurven gefahren sei, dass es die Mama einmal auf diese und einmal auf jene Seite geworfen habe.

Dachte sie an ihre Großen, war Adele erleichtert und stolz, wie ihre Drei sich alle für eine Berufsausbildung entschieden hatten. Der Älteste, Toni, hatte seine Mechanikerlehre schon abgeschlossen, Heiner war für seine Ausbildung als Elektriker an einer Berufsschule in A. in Deutschland untergekommen und Elsa besuchte als Internatszögling die Handelsschule und würde später in einem Büro arbeiten. Der Tod von Viktor war für die ganze Familie ein einschneidendes und verstörendes Ereignis gewesen. Es war schwer gewesen, nach dieser Erschütterung geradewegs weiterzugehen. Doch Adele sah mit großer Erleichterung, dass ihre Kinder alle eine Zukunftsperspektive hatten.

1964

»Ist gut, nun lauf schon, aber um 18 Uhr bist du wieder zurück, du weißt schon, beim Betläuten!«

Adele sah den beiden Mädchen nach, wie sie mit raschen Schritten und freudigen Hüpfern den Hofraum durchquerten und auf die Straße schlüpften.

Der Weg zum Heimathaus von Evas Freundin war nicht weit, sie konnte die beiden beruhigt ziehen lassen. Adeles Blick blieb an den Holzsprossen des Hoftors hängen. Dieses solide und doch blickdurchlässige Holztor hatten sie und Viktor neu anfertigen lassen, als sie die Wohnung nach ihrer Hochzeit ganz unerwartet dann doch im Dorf und nicht auf der fernen Insel hatten beziehen müssen.

Adele sah das schwere, massive Holztor ihrer Kindheit vor sich. Es war stets geschlossen, und Adele hörte die strengen Worte der Mutter:

»Du bleibst hier, auf der Straße spielen ziemt sich nicht, da lernst du nur Unsinn!«

Adele hörte die hellen Stimmen der Kinder durch das Tor, sie hätte sich so gerne ihrem Spiel angeschlossen, aber die Mutter kannte keinen Pardon, und die graubraune Holzwand des Tors verwehrte ihr jeden Blick nach draußen. Nun, da sie selbst Mutter war, konnte sie sich das unnachgiebige Verhalten ihrer Mutter nur dadurch erklären, dass ihre Mutter große Angst um sie hatte.

Als Adele ein Jahr alt war, starb nämlich ihre Schwester Laura an Gehirnhautentzündung, das war 1922 gewesen. Da hatte ihre Mutter wohl so lang wie möglich den Kontakt zu anderen Kindern unterbinden wollen, um sie vor Ansteckungen aller Art zu schützen. Die um 16 Jahre ältere Sabina war längst schon aus dem Haus, und so hatte Adele keine Spielgefährten und älteren Aufpasser, sie musste sich selbst genügen.

Sie hatte ihre Mutter als eine etwas wortkarge Frau in Erinnerung, meistens ernst, manchmal mit einem unergründlichen Lächeln. Adele verglich ihre Erinnerungen an die Mutter mit denen ihrer Schwester oder von anderen Bekannten. Mutter Agnes beschrieben sie als freundliche, wenn auch etwas scheue Frau. Diese Strenge, die in einigen Erinnerungsbildern Adeles mitschwang, verband sie nur mit der Mutter, ihren Vater hat sie nie als strafend erlebt. Sie wird mit mir als einem späten und zudem auch oft ungestümen Kind wohl etwas überfordert gewesen sein.

Ihr fiel die Stoffpuppe ein, die ihr die Mutter genäht hatte. Dieses flache Stoffgesicht ohne Nase, mit den aufgerissenen blauen Augen und dem lächerlich kleinen Herzmund, dieses Puppengesicht, das ihre Mutter – so sah sie das heute – sicherlich mit viel Liebe gestickt hatte, hatte sie gehasst. Das lächerlich platte Gesicht, das niemals seinen Ausdruck veränderte!

Als wäre es erst gestern gewesen, konnte sie sich erinnern, wie sie mit aller Kraft in die farblosen Stoffwangen gebissen hatte, so dass sich auf einer Wange ein Kreis blassroter Flecken zeigte von Speichel und Blut. Ihr wütendes Zubeißen hatte ihr Zahnfleischbluten eingebracht – und eine Ohrfeige der Mutter: „Du undankbares Kind!" Ihren Freiheitsdrang und ihre Entdeckerlust hatte ihre Mutter früh eingebremst.

Adele fielen noch andere Episoden ihrer Kindheit ein, aus der Zeit, bevor sie eingeschult worden war und sich so viel mit sich allein beschäftigen musste. Sie sah den blaurot bemalten blechernen Kreisel vor sich. Sie spürte in ihrem

Handteller den kühlen, platten Blechknopf, den sie nach unten drücken musste. Dann begann sich der Kreisel taumelnd zu drehen und eine Melodie zu spielen.

Sie konnte sich nicht mehr erinnern, wer ihr dieses Geschenk gemacht hatte, vielleicht ihre Tante Theres. Sie war verzaubert von diesem Ding. Während der Kreisel über die unebenen Holzdielen der Küche tanzte, lauschte sie verzückt der Melodie. Hunderte Male. Und dann Hunderte Male die Frage, wodurch eigentlich diese Melodie entstand, wie es wohl im Bauch dieses bunten Dings aussähe. Mit bloßen Händen ließ sich der Kreisel nicht öffnen, aber sie hatte eine Stelle in der Mitte entdeckt, wo die zwei Hälften ineinandergesteckt waren. Doch die blieben fest verschlossen. Schon war sie auf dem Weg zum Garten, rund um den Brunnen war der Boden mit großen Kieselsteinen, den sogenannten Katzenköpfen, ausgelegt. Am Rande war ein Stein locker, den holte sie sich und begann vorsichtig an der mittleren Naht entlang zu klopfen, eine Delle im Blech entstand. Plötzlich flog ihr Kopf nach vorn, und die Mutter mit zorniger Stimme: »Du undankbares Kind, wie kann man nur so schöne Sachen kaputtmachen?«

Wie es mit dem Kreisel weitergegangen war und ob die Ohrfeige auch der Auftakt zu einer Tracht Prügel gewesen war, daran konnte sich Adele nicht mehr erinnern. Aber sie erinnerte sich noch lebhaft an die Zeit gleich nach dem Krieg, als ihre eigenen Kinder in das Alter kamen, die Gesellschaft von anderen zu suchen, da hatte sie sich geschworen, sie sollten den Freiraum bekommen, den sie sich so sehr gewünscht hatte. „Ich werde sie nicht einsperren!",sagte sie sich.

Wie um sich selbst zu trösten und den kleinen Sieg über die gestrenge Mutter nochmals auszukosten, erzählte sie ihren Kindern lachend, wie sie – nun schon im Volksschulalter – den Auftrag ihrer Mutter erhalten hatte, jeden Tag so gegen 18 Uhr die Milch beim Nachbarn zu holen.

Dieser Gang wurde zum Höhepunkt ihrer Tage. Wie damals üblich, gab es in dieser Bauernfamilie viele Kinder. Während die größeren im Stall mithalfen, waren die jüngeren im Haus. Adele hatte rasch herausgefunden, dass sie nur etwas früher kommen musste, dann hieß es, es sei noch nicht fertig gemolken, sie solle in der Zwischenzeit einfach mit den Kindern spielen.

Eines dieser Spiele lief so ab: Im Schlafzimmer der Eltern gleich neben der Küche hatten sich die Kinder einen Parcours gebaut. Auf bloßen Strümpfen sprangen sie von einem Stuhl zum nächsten, übers Eck auf eine Kommode, dann kletterten sie von der Kommode auf den breiten großen Schrank, und vom Schrank sprangen sie direkt in das große, breite Doppelbett. Es genügte ein lachend gerufenes „Komm, mach mit!", und schon stürzte sich Adele in das Gewusel. Wenn sie dann nach gut einer halben Stunde erhitzt und mit halb aufgelösten Zöpfen ihre Milchkanne in Empfang nahm, dann wunderte sich Adele am meisten über das freundliche Lachen der Bäuerin, die offensichtlich an diesen wilden Spielen nichts auszusetzen hatte. So etwas würde ihre Mutter nie und nimmer dulden, daher achtete sie darauf, dass sich wenigstens ihr Atem beruhigt hatte, wenn sie in die elterliche Küche zurückkam, nur gegen ihr widerspenstiges, krauses Haar, das sich aus den Zöpfen davongestohlen hatte, konnte sie allein nichts ausrichten.

2003

Der Anruf aus der Klinik erreichte Eva gegen 20 Uhr. Man solle kommen, der Zustand der Mutter habe sich rapide verschlechtert. Am Nachmittag sei ihre Schwester Elsa am Krankenbett der Mutter gewesen, Elsa hatte sich dann auf den Heimweg gemacht. Und dann plötzlich seien Vorzeichen aufgetreten, welche die Krankenschwestern als nahendes Ende deuten mussten.

Als Eva aufgelöst und atemlos in die Klinik kam, ihr Mann war bei ihr, war die Stelle des zweiten Krankenbetts im Zweibettzimmer leer. Panik stieg in ihr auf. Sie hatten die Mutter schon in ein anderes Zimmer gebracht. Mit ruhigen Worten und Gesten geleitete eine Ordensschwester sie in den kleinen Raum, einem allem Anschein nach normalen Krankenzimmer wie die anderen auch, und doch, wie sie später erfuhr, ein Sterbezimmer.

Ein Arzt saß neben dem Bett der Mutter, die Tochter nahm ihn nicht einmal richtig war, er verschmolz mit dem Halbdunkel im Zimmer. Die Ordensschwester wies ihr einen Stuhl am Bett der Mutter zu und legte ihr sanft und liebevoll deren Hand in die ihre. Im Raum hörte man nur das schwere Atmen der Mutter. Unregelmäßige Atemzüge, dazwischen lange Pausen. Hilflos wiederholte sie immer wieder: »Mama, Mama!«

Da hörte sie plötzlich die weiche und ruhige Stimme des Mannes hinter sich: »Sie erwarten dich!« Mit ruhiger, liebevoller Stimme zählte er die Namen auf, die ihr vorausgegangen waren. Er erwähnte ihren Bruder Heiner, seinen Schwager, den Schwiegersohn Günther, Elsas früh verstorbenen Mann und Viktor, ihren Ehemann…

Die Zeit stand still. Die Mutter hatte die ganze Zeit die Augen geschlossen, die Tochter wusste nicht, ob sie wahrnahm, dass ihre Hand in ihrer war und sie beide bei ihr waren.

Während sie weiterhin die Hand ihrer Mutter hielt, sah sie einen Tunnel vor sich, wie sie solche von der nunmehr aufgelassenen Eisenbahntrasse aus der Zeit des ersten Weltkriegs kannte. Aus dem Halbdunkel des Tunnels sah sie ins

Helle. Ein Mädchen in einem altmodischen Kleid, moosgrüne und rostfarbene Karos und ein gesmoktes Oberteil. Rötliches gewelltes Haar wurde von einem Band zurückgehalten und fiel ausladend wie ein Schleier auf die Schultern herab.

Das Mädchen sprang mit kleinen Hüpfern von einer Seite des Tunnels zur anderen und wieder zurück. Selbstvergessen und ganz in sich versunken, von einer Seite zur anderen, so wie Kinder, die sich die Zeit vertreiben, während sie auf jemanden warten ...

Benommen tauchte sie aus der seltsamen, fast heiteren Szene auf und vernahm die leise Stimme des Arztes: »Es ist zu Ende, Ihre Mutter hat schon vor gut fünf Minuten ihren letzten Atemzug getan.«

Ihre früh verstorbene Schwester Laura hatten sie vergessen, als sie die Wartenden beim Namen nannten ...

Nachwort

Con i mattoni si costruisce,
grazie alle radici si cresce.
Susanna Tamaro aus: Cara Mathilda

Es sind Frauen aus meinem familiären Umfeld, die ich skizzenhaft zu porträtieren versuchte. Ich hatte nicht den Anspruch die vollständige Chronologie dieser Leben wiederzugeben, aber die Motivation für mein Schreiben kommt aus dem Respekt und der Wertschätzung diesen Frauen gegenüber, auch wenn ich nicht alle persönlich gekannt habe.

Diese Erzählungen sind für mich wie ein Nachhall, ein Echo: einige Töne klingen nach, aber sie sind niemals das ganze Lied!

Februar 2022
Vera Zwerger Bonell

Mein großer Dank gilt Inga Hosp, der geschätzten Kulturpublizistin, Autorin und lieben Freundin, welche den Text behutsam lektoriert und mich bestärkt hat.

Zu Dank verpflichtet bin ich auch der Autorin und langjährigen Freundin Ada Zapperi Zucker, mit ihrem besonderen Augenmerk auf Frauenschicksale hat sie mir mit Nachdruck die Veröffentlichung des Textes nahegelegt.

Mein Dank gilt auch Helmut Zucker, der Wissenschaftler mit dem literarischen Faible, dass er meinen Text in seinen Verlag aufgenommen hat!

Dem erfahrenen Verleger und lieben Freund Othmar Thaler danke ich für seine unterstützende Beratung.

Meiner Familie, meinem Mann und meinen Kindern, danke ich für ihre unerschütterliche Überzeugung, dass auch fremde Leserinnen und Leser, nicht nur Familienmitglieder, Gefallen an dieser Erzählung finden könnten.

Inhalt

Deutschsprachige Bücher des VoG Verlages

Taxi nach Verona

Roman

2021, 200 Seiten, 13,80

Zwischen Lemberg und Meran

Roman

2020, 240 Seiten. 13,80 €

Singende Menschen

Antworten von Sängern auf 17 Fragen

2018, 264 Seiten. 24,80 €

Das Haus in der Widenmayerstraße

Roman

2017, 296 Seiten. 13,80 €

Das Unbehagen der Sora Elsa

Erzählungen

2016, 214 Seiten, 13,80 €

Ein Tag in Bozen

Vier Erzählungen und Fragmente einer Biographie

2014, 224 Seiten, 13,80 €

Die Katakombenschule

Erzählungen aus Südtirol

2013, 248 Seiten, 11,80 €

Beachten Sie auch unsere zweisprachigen Bücher

Deutsch – Italienisch

Internet Shop: www.verlagohnegeld.de

Gedruckt im März 2022
BoD, D-22848 Nordstedt